教師と生徒でつくるアクティブ学習技術

「TOSSメモ」の活用で社会科授業が変わる！

●企画・監修
向山洋一・谷　和樹
●著
赤阪　勝

学芸を未来に伝える
学芸みらい社
GAKUGEI MIRAISHA

序文：「情報処理技術」の指導はここまでアクティブになった

社会科で教える内容は大きく二つあります。

一つは知識内容です。教科書に出てくる様々な知識を魅力的に教えることが社会科の中心です。

もう一つは情報を処理する方法です。知識は断片的なままでは使えません。表に整理したり、図解したり、写真やグラフを読みとって分析したり、新しく必要なる知識を探し出したり……。そういった様々な「情報処理技術」がセットになっていなければ、優れた社会科の指導とは言えません。

こうした情報処理にＴＯＳＳメモを組み合わせることで、「アクティブ学習技術」とも呼ぶべき学習方法が誕生しました。小学生の情報処理としてはＫＪ法を超える効果があると考えています。

ＴＯＳＳメモとは七十四×一〇五ミリメートル程度の付箋のようなメモ帳です。①貼り剝がし自在の特殊糊がついていること、②ミシン目で切り離せること、③薄い罫線が入っていて児童が書きやすいこと、などの特徴があります。新しい知的生産術向上ツールとして大人が使っていることはもちろん、多くの小学校・中学校の教室でも使われています。国語・理科など様々な教科の指導に応用され、優れた効果が上がっていることが報告されています。

本書は、その社会科編です。赤阪勝先生はＴＯＳＳ（Teacher's Organization of Skill Sharing）の向山型社会科セミナーで、数々のあっと驚く実践を発表してきた超実力派の人気教師です。

情報を収集し、分析し、整理して発信し、討論する。こうした一連の流れは「アクティブ・ラーニング」と言われる学習方法そのものです。本書で紹介されている学習方法を参考にしていただきながら、ＴＯＳＳメモがアクティブ・ラーニングの切り札の一つとして全国で活用され、子どもたちの活発な学習が生まれることを願っています。

谷　和樹

はじめに

向山氏はＴＯＳＳメモの機能について次のように述べています。

①即時性
②ワーキングメモリの代用
③保存
④貼り付け・整理
⑤貼り替える
⑥大変換

「教育トークライン」二〇一三年七月号

私は、平成二十四年六月に行われた大阪のＴＯＳＳ向山型社会セミナーで、ＴＯＳＳメモの実践発表の機会をいただきました。そこでＴＯＳＳメモを使った歴史学習における「立体的年表」の実践を発表させていただきました。もともとは小嶋悠紀先生が「教育トークライン」で紹介された「検索可能トピック分類貯蓄法」という活用法に端を発しています。これは、メモの一番下の行に重要なキーワードを書き、その行が見えるように重ねて同じテーマのメモを貼っていく方法です。これならば、テーマごとに複数のメモが並んでいるため、自分が探したいメモをすぐに見つけることができると思いました。しかも、そのテーマについて自分の調べたことが並ぶので、様々な情報をストックすることができます。

日頃の教材研究などでとても重宝しました。もし、これを社会科の授業で、しかも歴史学習に転用するには、どのようにすればよいかと考えました。歴史学習ならば、当然のことながら、最も大切な資料は「年表」です。ならば、一番下の行に年と出来事を書かせればよいと思いました。そして、その行が見えるようにメモを重ねて貼ってみました。一番下の行に書かれている「年代」を手がかりに時系列に並べると、年表ができます。ただの年表ではありません。メモをめくれば書き込みができます。「書き込みができる年表」をＴＯＳＳメモでつくることは、面白い発想だと思いました。

さらに、教室では、子どもたちは、自由にメモを並べ替えました。並べ替えることにより、様々な新しい発見をすることができました。大切なことは、子どもたちは、グループの友だちと一緒に様々な話をしたということです。いわゆるブレーンストーミングです。思いつきでもいいので、話をすればするほど、子どもたちには、多くの「内部情報」が貯まります。それからは社会科の学習で、一人に一冊ずつＴＯＳＳメモを配付して使わせるようにしました。

ＴＯＳＳメモを思考ツールとして活用できる実践はほかにも多数考えられます。どれも子どもたちが自発的に動き出す授業展開になっています。まだまだ不十分なところは多々ありますが、ぜひ参考にしていただければ幸いです。

赤阪　勝

目次

第2章　TOSSメモと地図づくり　23

第3章　「立体的グラフ」と「マップ」を連係させたTOSSメモ活用法　45

第1章

TOSSメモと空間認識能力の育成

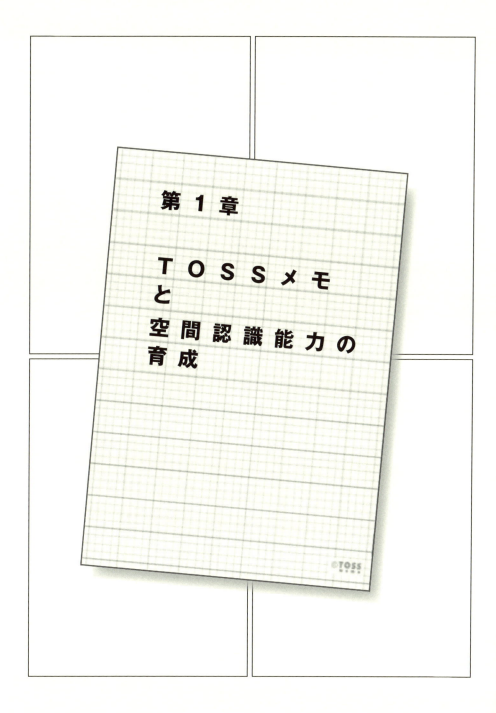

1　TOSSメモと座席表

1 空間を認識する能力を育てる必要性

社会科に限らず、多くの教科において「空間認識能力」というのは、学習をする上において、極めて大切な能力である。文字を書くにも「空間認識能力」が必要である。運動でもそうである。もちろん、社会科においても必要な能力である。空間認識能力がなければ地図が読めない。

地図帳が本格的に出てくるのは、四年生からである。しかし、読めない子が多い。なぜなら、地図を読むのは、大人でも難しいのである。地図が読めるというのは一つの学習技能である。空間を認識する能力とは、急に身に付くようなものではない。低学年の頃から地図を読むためにどのような技能が必要であるか、細かく設定しながら身に付けさせなければならない。

2 空間を認識するとはどのようなことか

東西南北を理解させるには、いくつかのステップを経なければならない。例えば、自分の右にいる人、左にいる人が分かるということがごく初歩的な理解である。つまり

> 左右　上下　前後　などの方向が感覚的に分かる

ということである。向山洋一氏は講演で次のように話された。

それから子どもたちは、時間概念とか空間の概念というのは知っているようでできませんよね。例えば、地図を見ると、北とか南とかそんなのできない。そういったことを学ばせるために、下駄箱の前に連れて行って「太郎ちゃんの靴の上にあるのは誰。」「左横は誰。」そういうふうにやる。教室の座席でもそうです。「誰々ちゃんのその一つ後ろは誰かな。」「右斜め前は誰かな。」そういった身近な形による座標軸。そういった空間認識。

第九回ＴＯＳＳ向山型社会セミナーより

生活科へと変わり、その認識の形成は曖昧になってしまったように感じる。今の生活でも、学校探検や校区探検など地理的な分野の基礎的な学習はある。しかし、空間認識を段階的に発展させるのであれば、その発達段階をもっと細かく設定していかなければ、低学年で大きく差がついてしまう。

３　自然地理京浜教育プラン

自然地理京浜教育プランには、一年生の子どもたちに座席表を書かせる実践例がある。ここで学ばせるのは、自分を中心とした前後左右の位置関係の認識である。

一年生

単元	学習内容
一　席探し	●座席で自分の席の前後左右の席の人の名を言う。 ・席の前後左右 ・ロッカーや下駄箱の前後左右
二　友達の席	●不特定な友達の席の前後左右の席の人の名前を言う。 ・席の前後左右 ・ロッカーや下駄箱の前後左右
三　点と列	●列の順番　川　列の前後左右を考える。 ・後ろの子の後ろは ・○○と××の間は ・列の前後　川の左右 ・点と列

二年生

単元	学習内容
一　自分の位置	●方眼紙に自分の座席を書き、見方によって、全体の中で前後左右に変わることを確かめる。 ・自分の席はどこ ・先生が後ろに行ったら ・前はどこ、後ろはどこ
二　変わらない方位	●いつも変化しない方位（絶対方位） ・いつも変わらない方位 ・太陽とかげ　方位磁針 ・絶対四方位
三　学校の地図	●絶対四方位を付けた学校内の地図を作る。

この単元計画をもとに、ＴＯＳＳメモを使った実践を以下のように行った。

4 ＴＯＳＳメモで座席表をつくる

一年生の子どもたちにＴＯＳＳメモを一枚配った。そして、そこに自分の名前を丁寧に書かせた。

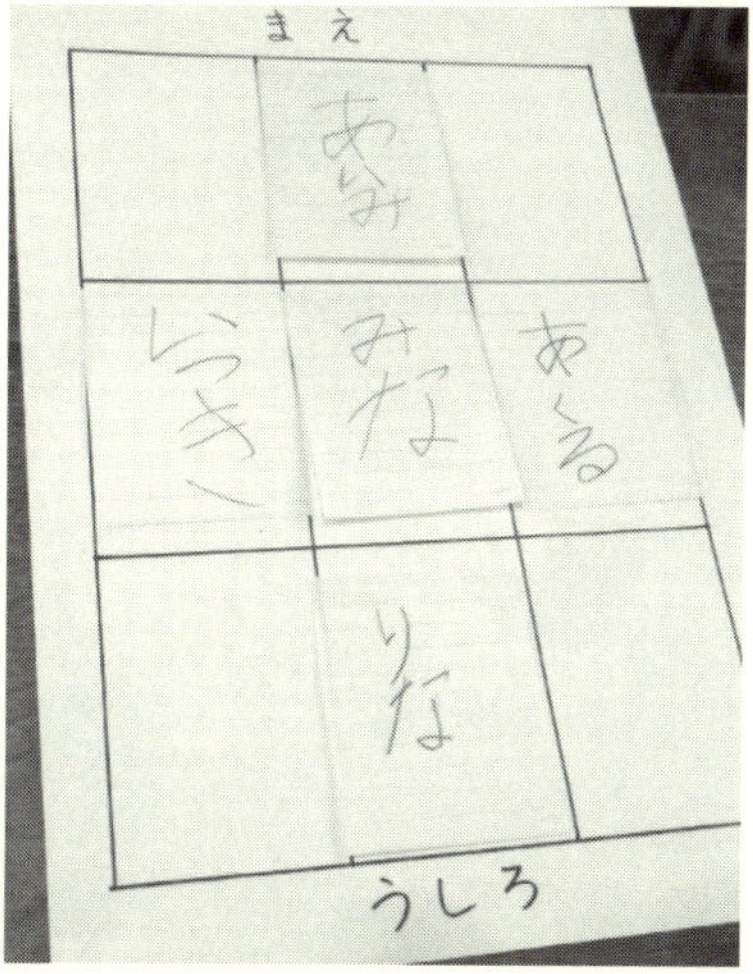

図1　自分の座席をTOSSメモで表したもの。自分とともに前後左右の友だちの名前を貼った

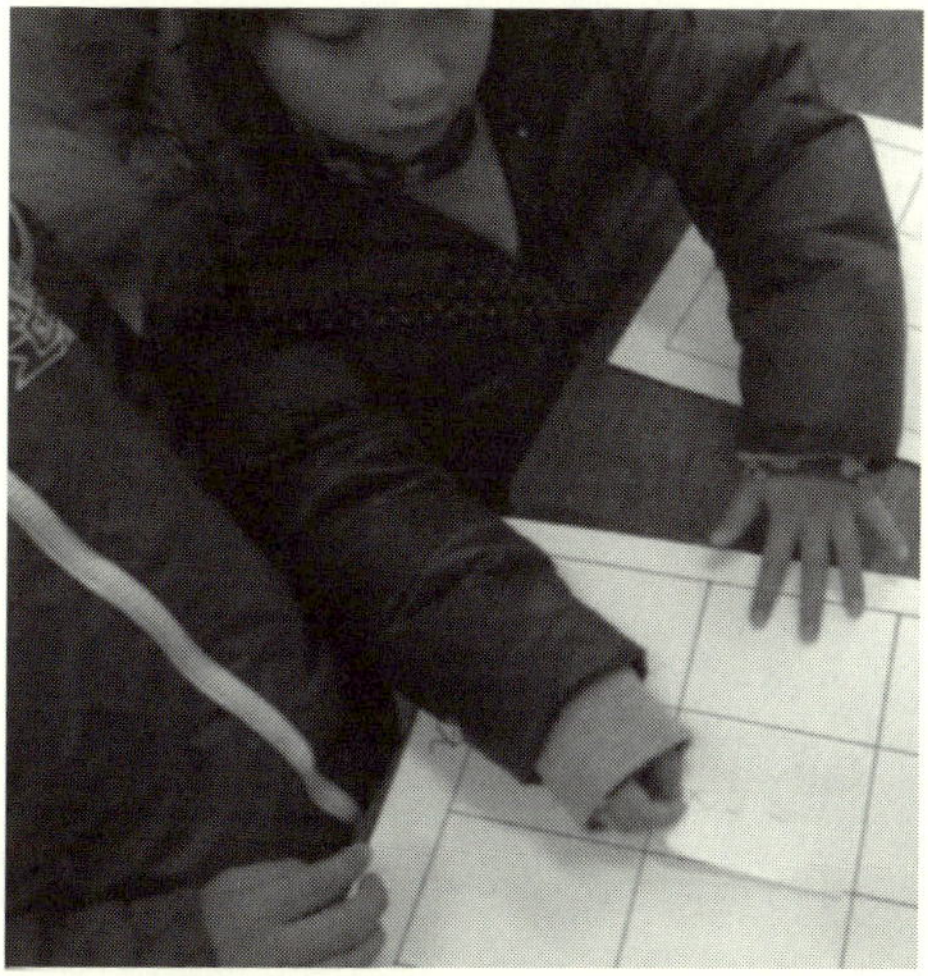

図2　友だち同士で見直しをさせた。お互いに見直すことで、互いの位置関係を考えさせることができた

「大きな字で丁寧に書くのですよ。」
と念を押しながら書かせていった。

さらに、三マス×三マスの空の座席表を配付した。そして、先ほど自分の名前を書かせたメモを座席表の真ん中に貼らせた。さらに、前後左右にいる友だちの名前を書いたメモを貼らせていった。すると、【図1】のようになった。

一年生であっても、すぐにできる子もいれば、時間のかかる子もいた。

「はやくできた人はお隣さんに教えてあげなさい。」
と言うと、さっそく隣同士で教え合う姿が見られた【図2】。

子どもたちは大騒ぎである。あちこちで、
「違うよ。違うよ。」
と言いながら、友だち同士で見直す姿が見られた。ＴＯＳＳメモは、何度でも貼り替えることができる。友だち同士で話し合いながら、メモの貼り替えをすることで、コミュニケーションもなお一層活発になる。あちこちで、楽しそうにメモを操作する姿が見られた。

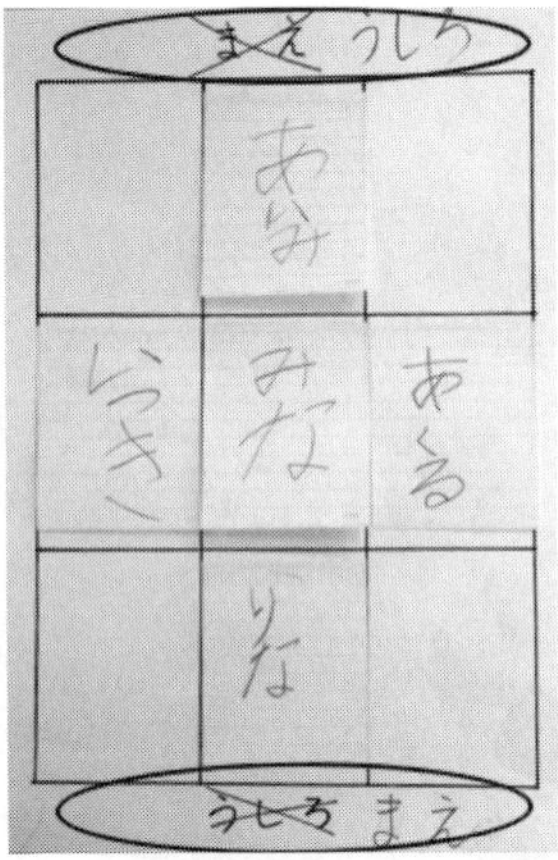

図3　前と後ろがもしひっくり返ったらと言って、ペンで前と後ろを書き直した

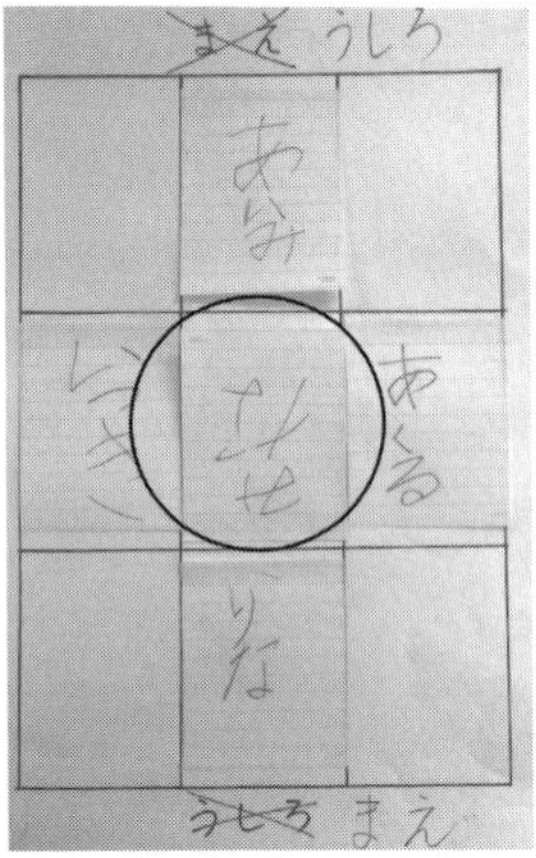

図4　真ん中のメモだけを反対にした

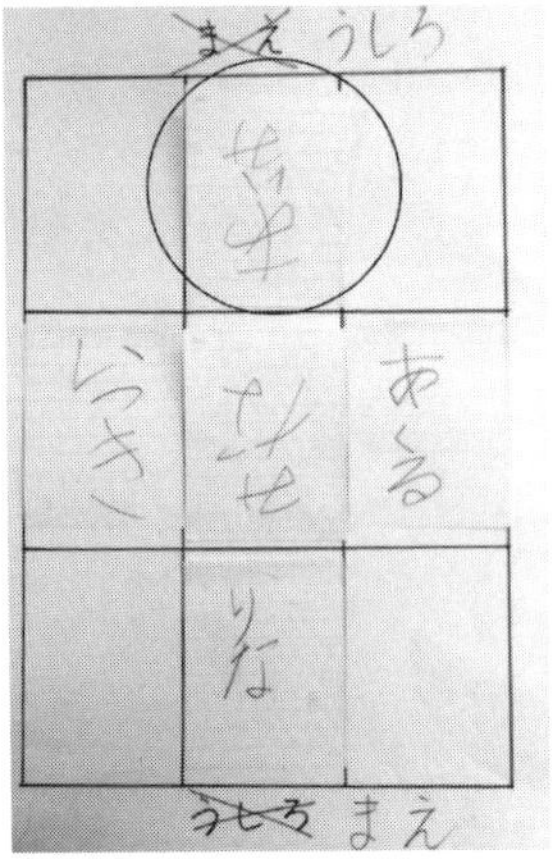

図5　前に座っている子のメモを反対にした

5 もし前と後ろがひっくり返ったら……

黒板に座席表を貼り、次のように聞いた。

もし前と後ろがひっくり返ったら、この座席表はどうなりますか。


そう言って、「まえ」と「うしろ」を書き直した【図3】。すると、

「ひっくり返る！」

と言うので、

「そうだ。メモをひっくり返さないといけないね。」

と言って、真ん中のメモだけを上下逆さにして貼ってみた【図4】。

「これでいいかな。」

そう言うと、

「ダメダメ！」

と言う。何がダメなのか聞くと、

「ほかの子もひっくり返る！」

と言うので、前にいる子を、そのままひっくり返した【図5】。

　すると、また
「ダメダメダメ！」

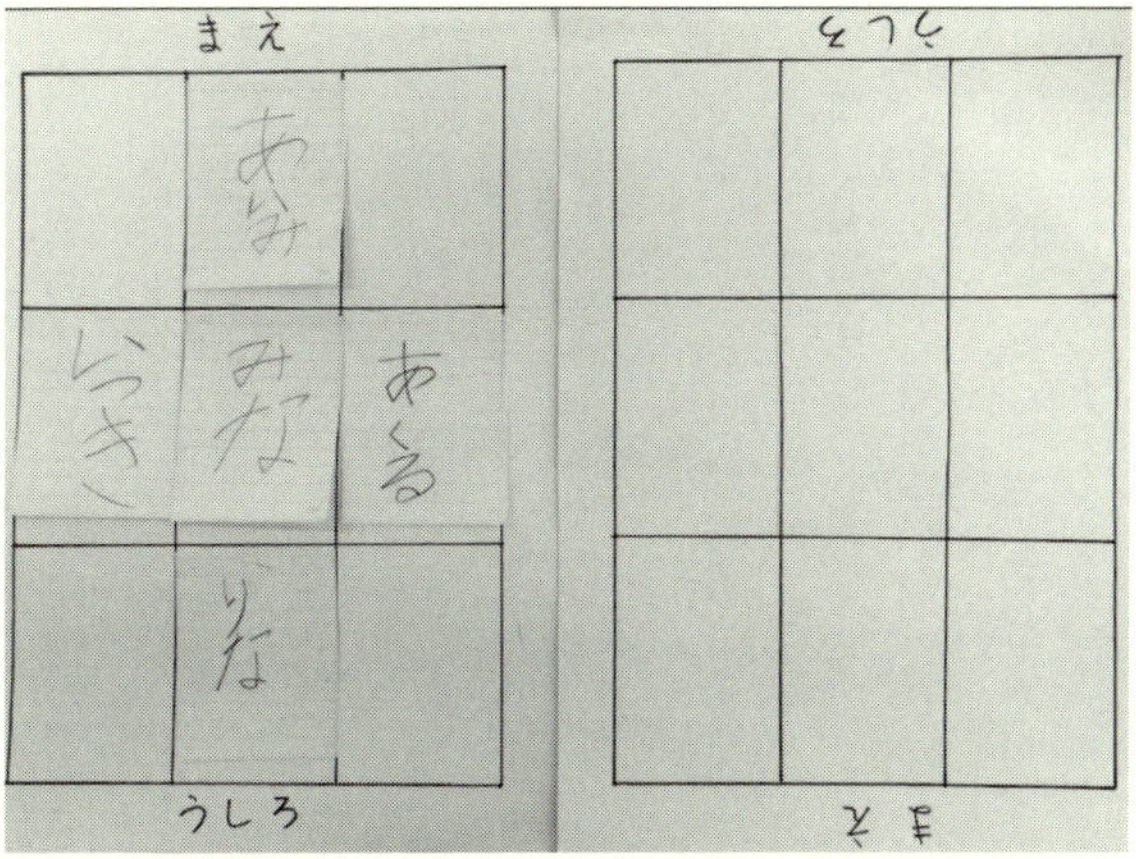

図6　前と後ろが反対になっている画用紙を配り、その2枚を机の上で並べさせた

と言う。自然に子どもたちの手が挙がり、黒板に貼った札を直そうとした。

そこで、子どもたちにもう一枚の画用紙を配った【図６】。その画用紙は、「前」と「後ろ」が反対になっている。その二枚を机の上で並べてさせた。そして、

「もしも、前と後ろがひっくり返ってしまったら、メモはどのように貼り替えればいいですか。」

と聞いて、貼り替えさせた。しかし、正しく貼り替えることができた子は五名しかいなかった。「前」と「後ろ」が変わると、それぞれの位置がどのように変化するかということをイメージするのは、簡単そうで難しいことである。子どもたちは、何度も教室の後ろや横を見ながら、貼り替えていたが、よく分からなくなる子もいた。

ちなみに、子どもたちが一番間違いやすいのは、自分から見て前後にいる子、左右にいる子、斜め方向にいる子のうちのいずれであろうか。メモを動かしている子どもたちの様子を観察してみた。

まず、【図７】のように、真ん中にある自分のメモはすんなりとひっくり返して、二枚目の座席表に貼り替えることができた。次に、自分の前や後ろにいる子もひっくり返して正確に貼ることができた【図８】。次に比較的簡単にできたのは左右にいる子である。左右の位置を逆にして、二枚目の座席表に貼り替えていた【図９】。しかし、この段階で難しい子もいた。一度にメモが何枚もあるので、混乱しているようであった。

一番難しいのは、斜め方向の子であった【図10】。左斜め前にいる子は、二枚目の座席表に貼る時には、右斜め後ろになる。「右→左」「前→後」というように二つの動きを同時に考えなくてはならない。単なる前後左右の動きよりも、斜め方向の動きは難しいのである。

斜め方向のメモを正確に動かすことができる子はほとんどいなかった。前後左右斜めなど様々な位置関係が混在する中で、前と後ろがひっくり返った時の正確な位置関係を把握することは、一年生の子にとっては、難しいことであった。

6 メモを一枚ずつ追加していく

①前の人だけ変化させる。

そこで単純にメモの枚数を少なくしてみた。最初は、貼るメモを自分と自分の前にいる人だけにしたのだ。おそらく、子ども

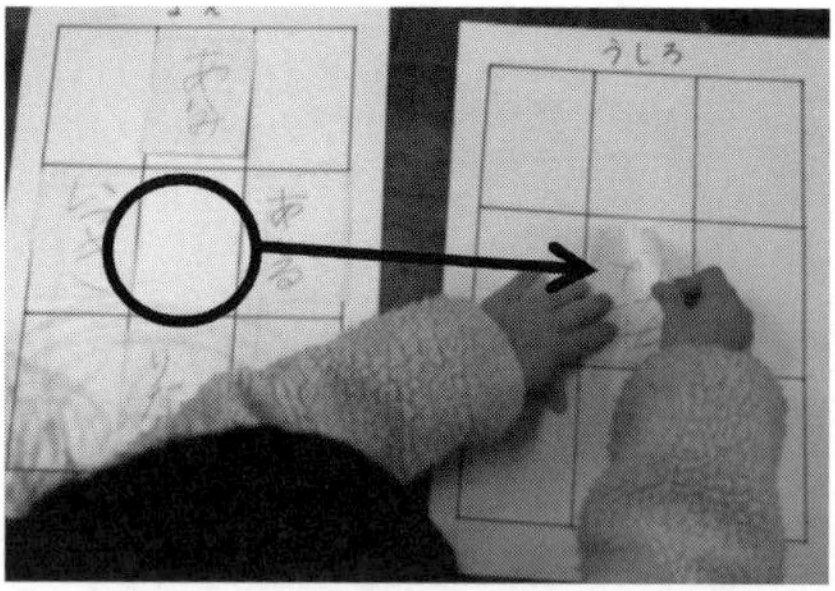

図7　真ん中の自分のメモはすんなりとひっくり返して貼り付けることができていた

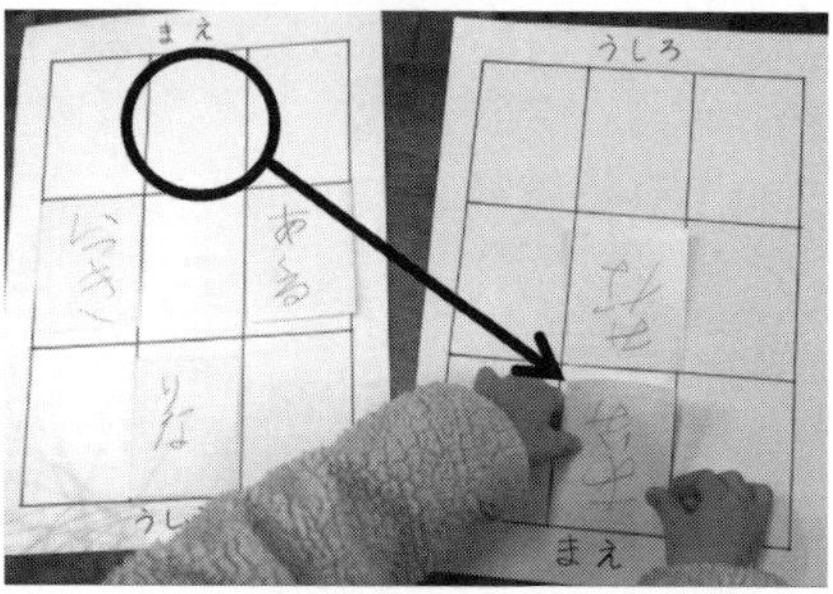

図8　自分の前後にあるメモも比較的容易にひっくり返して貼り付けることができていた

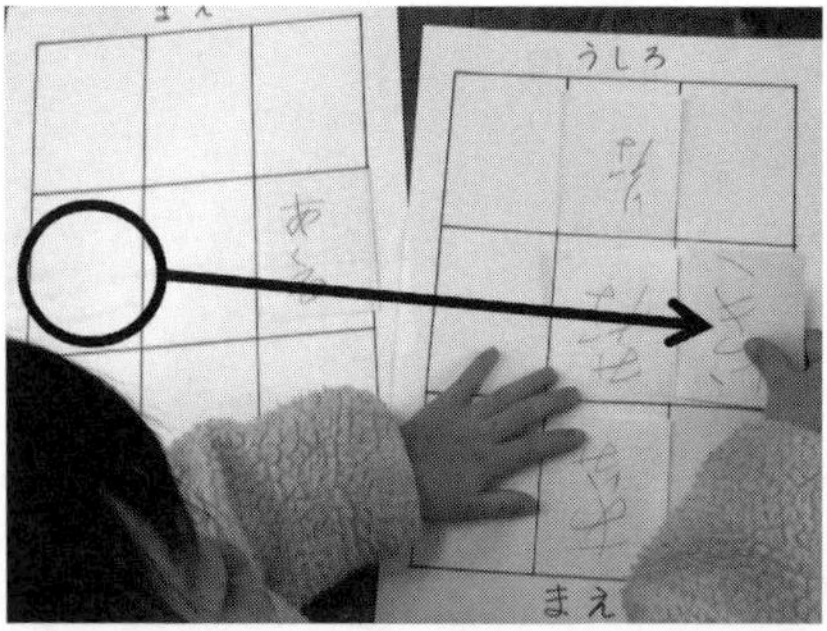

図9　自分の左右にあるメモもひっくり返して貼ることができた

図10　しかし、斜め方向にあるメモは正しく貼り替えることが難しかった

たちにとって、一番分かりやすいのは自分の前の人の動きである。もし前と後ろがひっくり返ったらどうなるか考えさせた。そして、ＴＯＳＳメモを動かせた。これならば全員が正解した。まさに一時に一事である。

②後ろの人を追加する。

次に自分の後にいる人を書かせた。そして、

「もし前と後ろがひっくり返ったらどうなるか。」

と問うて、ＴＯＳＳメモを貼り替えさせた。これも実際に後ろを向かせて書かせた。前後の位置の変換は一年生でも比較的簡単に行うことができた。

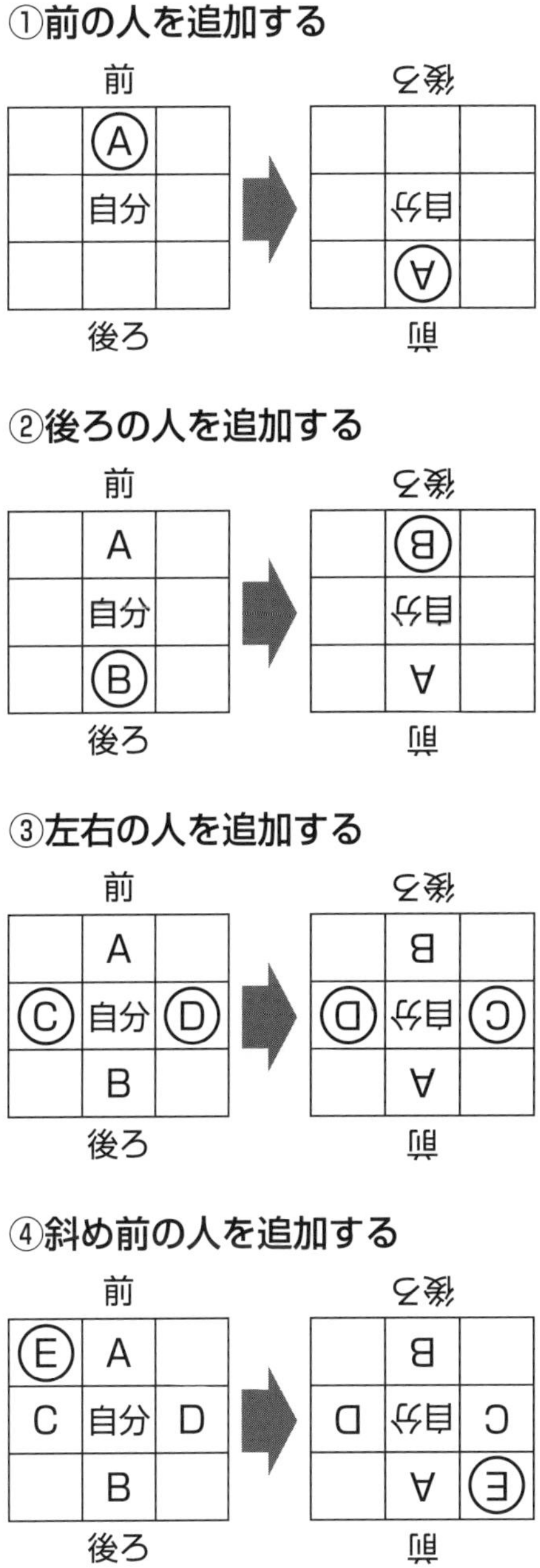

図11　メモを1枚ずつ追加する

③右の人を追加する。

さらに次の指示を追加した。

「自分の右にいる人を書きます。もし前と後ろがひっくり返ったら、どのようになりますか。」

と聞いて操作させた。これは少々レベルが上がる。前後で百八十度転換することは比較的簡単である。しかし、左右が変換することはステップが一つ上がる。

④左斜め上の人を追加する。

左斜め上にEさんを追加した。そして、

「もし前と後ろがひっくり返ったら、Eさんはどこに行きますか。」

と問うた。前述の通り、この操作は、一年生には難しい。前や後ろにいる人は変えることができるが、斜めの位置にあるものの認識がまだ弱い。しかし、お隣さん同士やグループで話し合わせる中で、次第に動きを理解する子が増えた。

この活動で最も有効であったのは、友だち同士の話し合いであった【図12】。前述したが、TOSSメモを操作する時に、子どもたちは必ず話し合いを始める。まさに「自然発生的」である。つまり、教師が指示をしなくても、子どもたちは自然に話し合いを始めるのだ。これは指導の形態が変化したとしても、一年生から六年生までに見られる顕著な動きである。協同でTOSSメモを動かすという作業が入るからだ。

一旦話し合いが始まれば、自分たちで解決するまで、その話し合いは続けられる。時には、教師のところに相談をしに来る子もいたので、その時には、対応をした。

図12　TOSSメモを使い、操作させることで、子どもたちは様々な話し合いを始めた

しかし、基本的には子どもたちは自分たちで解決するまで、ＴＯＳＳメモを動かしながら、自分たちで話し合いを続けた。一年生でもそのことができたことが驚きであった。自分の分ができた子は、またほかの子の分を教えていた。結局、全員が正しく前後反対の座席表をつくることができた。

第2章

TOSSメモと地図づくり

1　見てきたものを順に並べてルートマップづくり

1 校区探検で見たものを記録する

以下の手順で、校区探検のあとにルートマップをつくらせた。

①自分が見てきたものを思い出し、TOSSメモにイラストとその名前を書く。
②グループでメモを出し合い、マップに載せるものと載せないものに分ける。
③出発地点（学校）から到着地点（公園）まで、マップに載せるものを並べる。
④並べたものを友だちと比べる。もし違っていたら、相談して正しく並べ替える。

校区探検に行く時に、子どもたちには次のように指示をした。

> 目に入ったもののすべてを書きなさい。

子どもたちは思ったよりも様々なものを覚えていた。書く時には、罫線の入った紙に番号を打たせて書かせた【図1】。箇条書きで番号を打たせながら書かせた。時々、今、何個書いたか聞いた。このように書き具合を途中で確かめることで、子どもたちは競い合うように色々なもの見てメモをしていた。

校区探検から帰ってきたあとは、班をつくらせ、一人一人順番に書いたものを言わせた。もし自分が書いていなかったものがあれば、そこで書かせた。全員の情報を共有させ、内部情報を多くするためである。思った通り、子どもたちの紙に書く数がぐんと増えた。

次に、席を元に戻し、端から順番に一人ずつ言わせた。クラス全体で情報を共有するためである。自分の書いたもので、友だちから言われたら、番号に×をするように伝えた。

このような活動を行うと、社会科での見学に役立つ。中学年の社会科では体験活動がとても重要な役割を果たす。見学や調査などである。

その時に大切なことは、いかに情報をインプットするかということである。アウトプットをするのは、それからあとの話で、様々な情報をとにかく入力しなければ、勉強にならない。確かにインプットする情報も次第に質の高いものや価値あるものを自分で取捨選択する能力が必要になるのであるが、まず最初は、質より量である。

このことを、生活科において実践できる場面はいくつもある。「目に入ったものすべてを書きなさい。」とは、一年生でも使える優れた指示である。

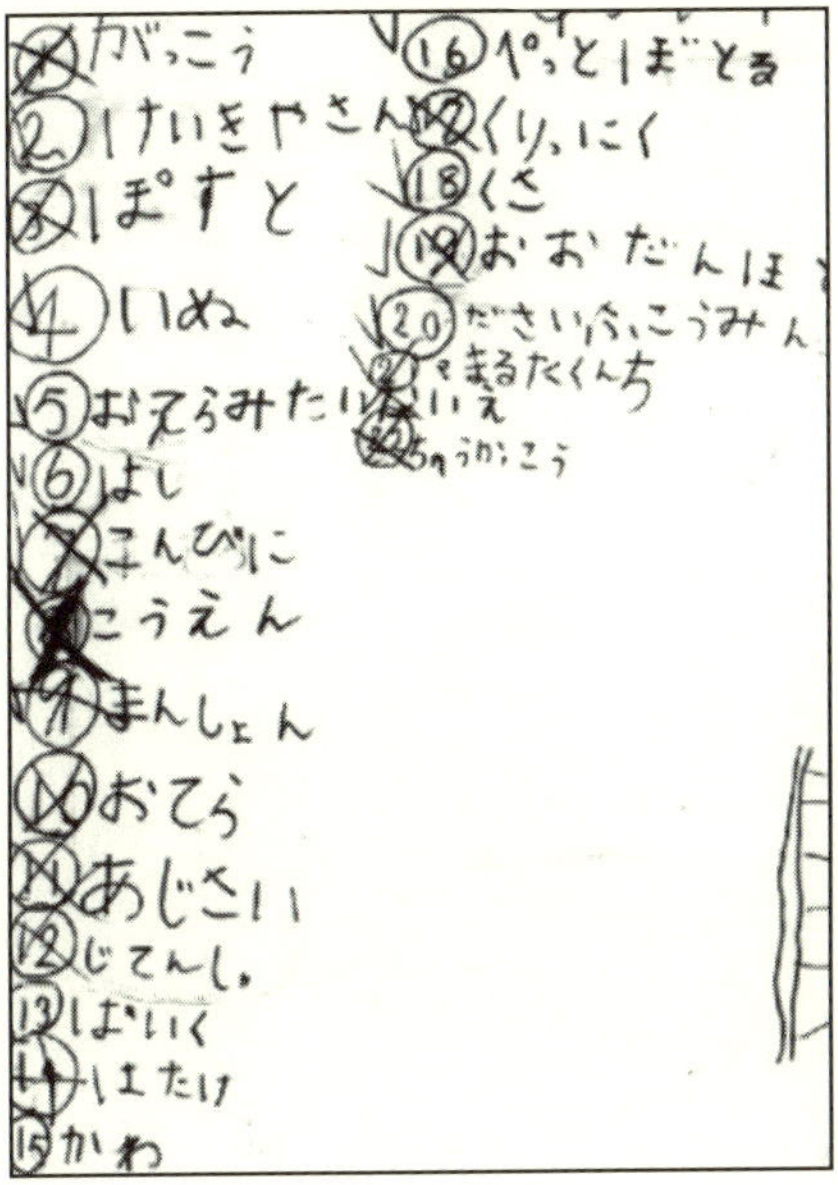

図1　校区探検でのメモ

２　一本の道で見てきたものを順番に並べる

学校から駅までを一本の線でつないでみせた。低学年の子どもたちに、いきなり複雑な校区地図を再現させるのは無理である。まだ彼らの見方は、いわゆるルートマップ的な見方なのだ。ルートマップとはスタートとゴールを一本の線で結んだだけのシンプルなマップである。空間認識の広がりは「点➡線➡面」へと広がっていくものである。

まずは最もシンプルなルートマップをつくらせようと考えた。そのために、校区探検に行って書かせた探検メモをもとに、学校から駅までの間に何があったかを思い出させた。

次に、それをTOSSメモに描くように指示した。メモには、一枚につき一つのものを書くように指示をした。さらに、一番下の行に見たものの名前を、そして、上方には、そのイラストを描かせた【図2】。このような時に役立つのが罫線である。TOSSメモには、二ミリメートル幅の薄い方眼の罫線がある。だからイラストや資料がとても描きやすいのだ。子どもたちは、校区探検の時を振り返りながら、TOSSメモにイラストを楽しそうに描いていった。

次に、TOSSメモを「学校」から「えき」を結んだ一本線に順番に並べさせた【図3】。しかし、ここで論争がおこった。学校から駅までと言ったのに、関係のないもの、つまり、その間にはなかったものまで描いていた子がいたのだ。

「えっ、それ、なかったよ。」

という声が上がった。校区探検に行ったことをよく思い出すようにと促した。

ここで第一の情報の整理が行われる。つまり、自分たちが見たり、聞いたりしたものを、学校から駅までの間にあったものにしぼらねばならない。

このような時には、TOSSメモは大いに力を発揮する。何と言っても、何度でも貼り替えることができる。さ

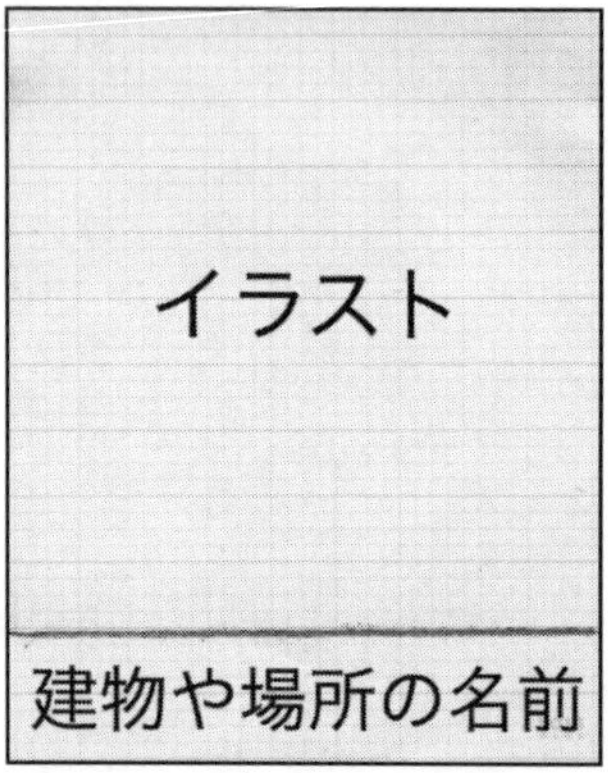

図2　TOSSメモには、簡単なイラストを描かせた

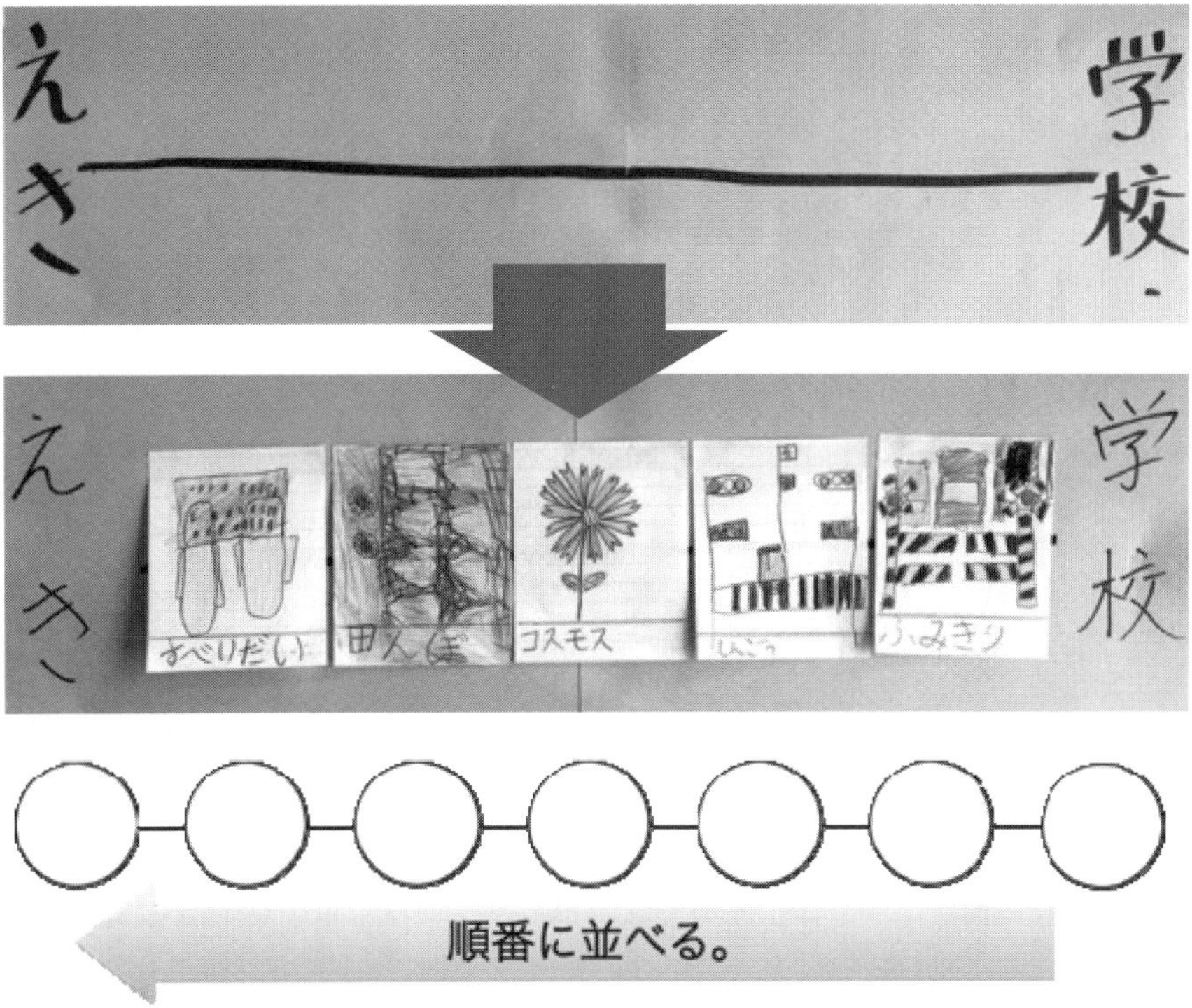

図3　TOSS メモを順番に並べたルートマップ

らに、それを順番に並べなければならない。
このような時にもＴＯＳＳメモだと役立つ。繰り返しになるが何度でも貼り替えることができるからだ。

3 中間地点でのランドマーク（目印）を決める

中には、いくつものメモがあるためにどれが先だったか、うまく並べることができないグループもあった。そこで、ちょうど真ん中にマンションがあったことを思い出した。とても大きいマンションなので全員がある程度の位置を理解していた。ちょうどルートの真ん中にマンションを置いた。

そして、

「みんなが持っているメモはマンションよりも学校に近かったですか。それとも、駅に近かったですか。」

と、問うた。

今度はメモを、スタート地点である学校側か、ゴール地点である駅側かに置かせたわけである【図4】。

困惑している子たちには、このような指示をあたえることによって、メモを整理しやすくすることができた。つまり、いくつかの目印をマップ上に置き、その中のどこにあったかを考えさせる。

「ランドマーク」という視点は地図を書かせる上で極めて重要である。人間の空間認識について研究したレジナルド・ゴリッジの理論によれば、最初は自分のいるところから目的地だけのルートが形成される。次第にほかの場所の情報が増え、線から面へと認識が広がっていく。地域を人々が学習する際、ランドマーク（地域の目印となるもの）を最初に学習し、次にパス（マークとマークをつなぐ線）を、最後に面的な認識を拡大させるという。

今回は視点と終点、そして途中にランドマークとして「マンション」を位置づけた。「学校⬇マンション⬇駅」の中で一枚一枚のメモがどこに位置づくかを想起させた。

最後にそれを友だち同士で見せ合わせた。そして、間違っているものを修正させた。

「お友だちの地図を見て、もし違っていたら直してあげるのですよ。」

と言うと、一斉に活動が始まった。あちこちで探検に行った時のことを思い出して、話が始まった。

子どもたちは、メモを使った地図づくりを通して、校区探検で得た情報を整理しているのである。最初からすべてのものを思い出してメモを書いていたわけではない。作業をしながら次々に思い出していくという感じであった。

「あっ、あれがあった。」

などの声があちこちで上がっていった。

思い出したら、メモを切り取り、書き込むようにしていった。まさに、継ぎ足しながら、地図ができていくという感じである。低学年はこのほうがよい。覚えていたことを一気に出すというよりも、一つのことを思い出したら、次のこと、そしてまた次のこと、というように少しずつ思い出していくようであった。そのたびにメモが活躍する。いきなり、大きな紙を渡してもどこに何を書けばよいか分からない。しかし、メモならばスペースも小さいので、

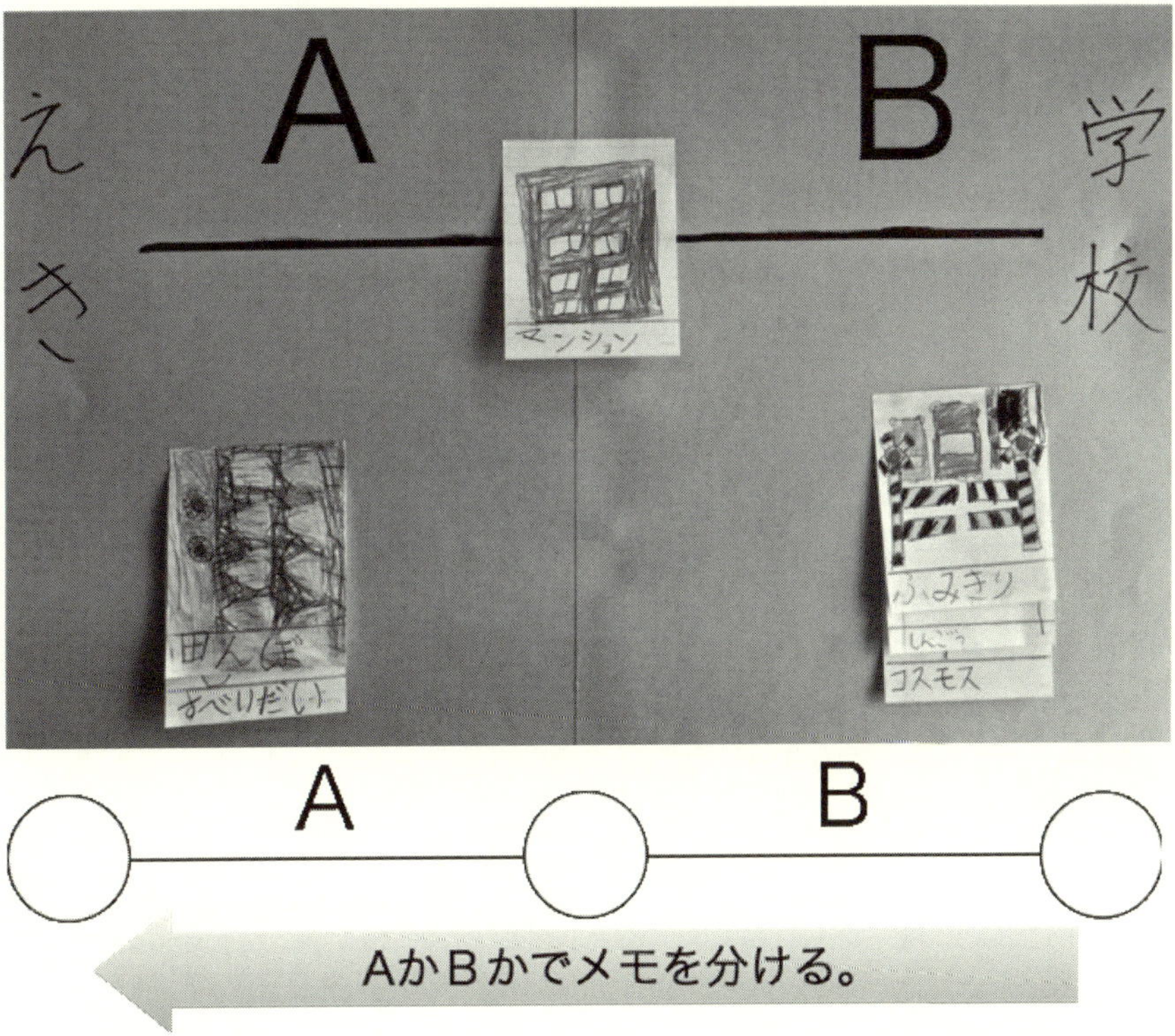

図4　TOSS メモを分ける

迷うことなく自分が思い出した一つのことだけを書くことに集中できる。整理は、そのあとにすればいい。まさに、一時に一事である。

4 メインストリートから広がるメモ

子どもたちのノートには、ルートマップに載せられなかったメモが残っている。これらのメモも活用したい。次に行ったのはルートマップからサーベイマップへ視点を広げるための地図づくりである。

通常、地図には、幹線と言われる中心となる道路が存在する。いわゆるメインストリートである。当然であるが、このメインストリートは、ルートマップとして作成しやすい。その幹線からが生じる道がある。つまり、幹線から派生する細い道である。イメージとしては、幹線は魚の背骨であり、そこから出る道は、小骨である。全体としては魚の骨のようになる。子どもたちの作成したルートマップを手元に置かせてルートマップに使われなかったメモを出した。

「洋服屋さんはどこにあったかな。」

と聞くと、「田んぼ」の近くだと言う子がいた。そこから、線を引き、「洋服屋さん」のメモを貼った。さらに、「コスモス」は「踏切」に近いところに咲いていたと言う子がいたので、「踏切」から線を引いて、「コスモス」もメモを貼った。

同じようにルートマップにあるメモから最も近いであろうメモを選び、そこから線をつなぎ、まだ貼っていないメモを貼っていった。すると、メインストリートを中心として広がりを見せる地図ができていった【図5】。もちろん、実際の地図とは方向などが違うこともある。しかし、子どもがつくる地図は、まだ心理的なものであり、むしろ、このような地図づくりのほうが、活発に動いて地図をつくろうとする。子どもの空間認識は、「点➡線➡面」へと広がりを見せていった。

5 ルートマップからサーベイマップへ【再現する活動を取り入れる】

ルートマップは一本道であるのに対してサーベイマップはいくつもの道の交差がある。それだからこそ、線から面へと空間的な認識が広がる。子どもたちは、一度曲がり角を曲がると、自分の位置がよく分からなくなる。大雑把でよいので、自分が歩いたところを頭の中で再現させたいと思った。そこで、

交差点で曲がったところだけ

をＴＯＳＳメモを使って、再現させた【図６】。小学校から出て、橋を渡り、ケーキ屋さんを通ると、交差点がある。その交差点の向こうには病院がある。これだけである。順番から言うと、「学校➡橋➡ケーキ屋さん➡交差点➡病院」という順番になる。基本的には一本道である。この順番で地図がきちんと書けるかということである。距

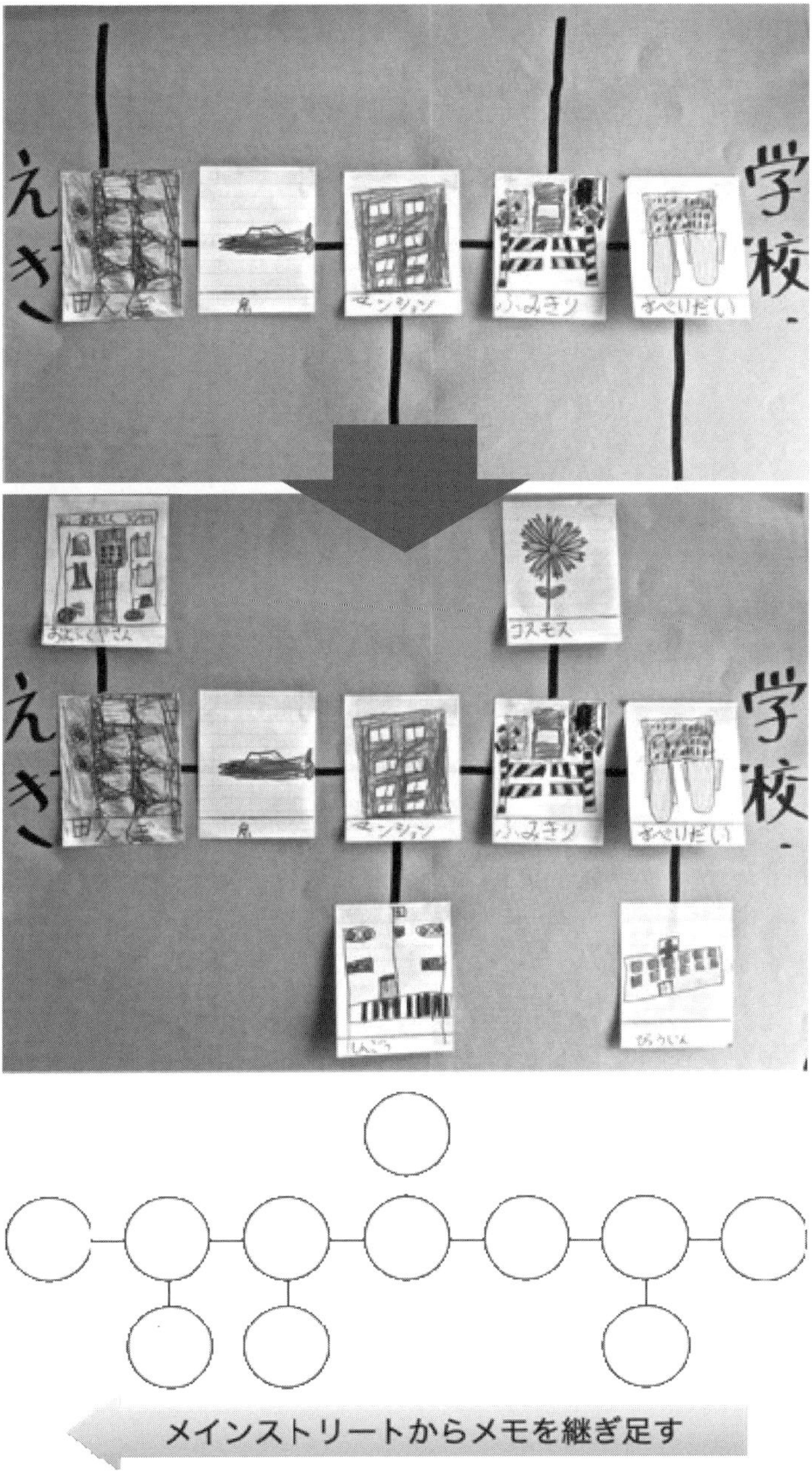

図5　メインストリートから広がる TOSS メモ

離は、五十メートルほどである。

6 一回目の見学は見て帰ってくるだけにする

この道を行って帰ってきた。時間にして二十分程度である。TOSSメモに「病院」と「ケーキ屋さん」だけを書かせた。そして、それをあらかじめ四つ角の道だけを印刷した画用紙に貼らせた。二つだけ取り上げた理由は、それぞれのポイントは、目印になるような場所の近くにあるからだ。ケーキ屋さんは橋を渡ってすぐにある。また、病院は、交差点を渡ってすぐにある。

「橋を渡るとケーキ屋さんがあった。」

「交差点を渡ると病院があった。」

というように、ある地点を通り過ぎると何があったのか、順番に言えるようにしたいと思ったからである。各々自分が貼ったものを隣の人と見せ合った。すると、

「違う！」

と多くの子たちが言いだした。「ケーキ屋さん」と「病院」の位置が違っていたのだ。私が何も言わなくても、子どもたちは勝手に歩き出して、みんなで話し合いを始めた。自分たちが歩いた時のことを思い出しながら、メモを貼り替えていた。黒板に一人の子が貼ったのを掲示した。すると、違うという子がいたので、その子のものも掲示した。また、違うという子が出てきた。

結局、いくつもの位置の異なる地図が出てきたが、消去法で一つ、また一つと消して、最後に二パターンに絞った。それぞれの子に、前に出て、どこにあったか、自分で説明させた。これは、教室で大きな論争となった。話し合いは休み時間も続いた。こんな場合どうしたらいいかと聞くと、

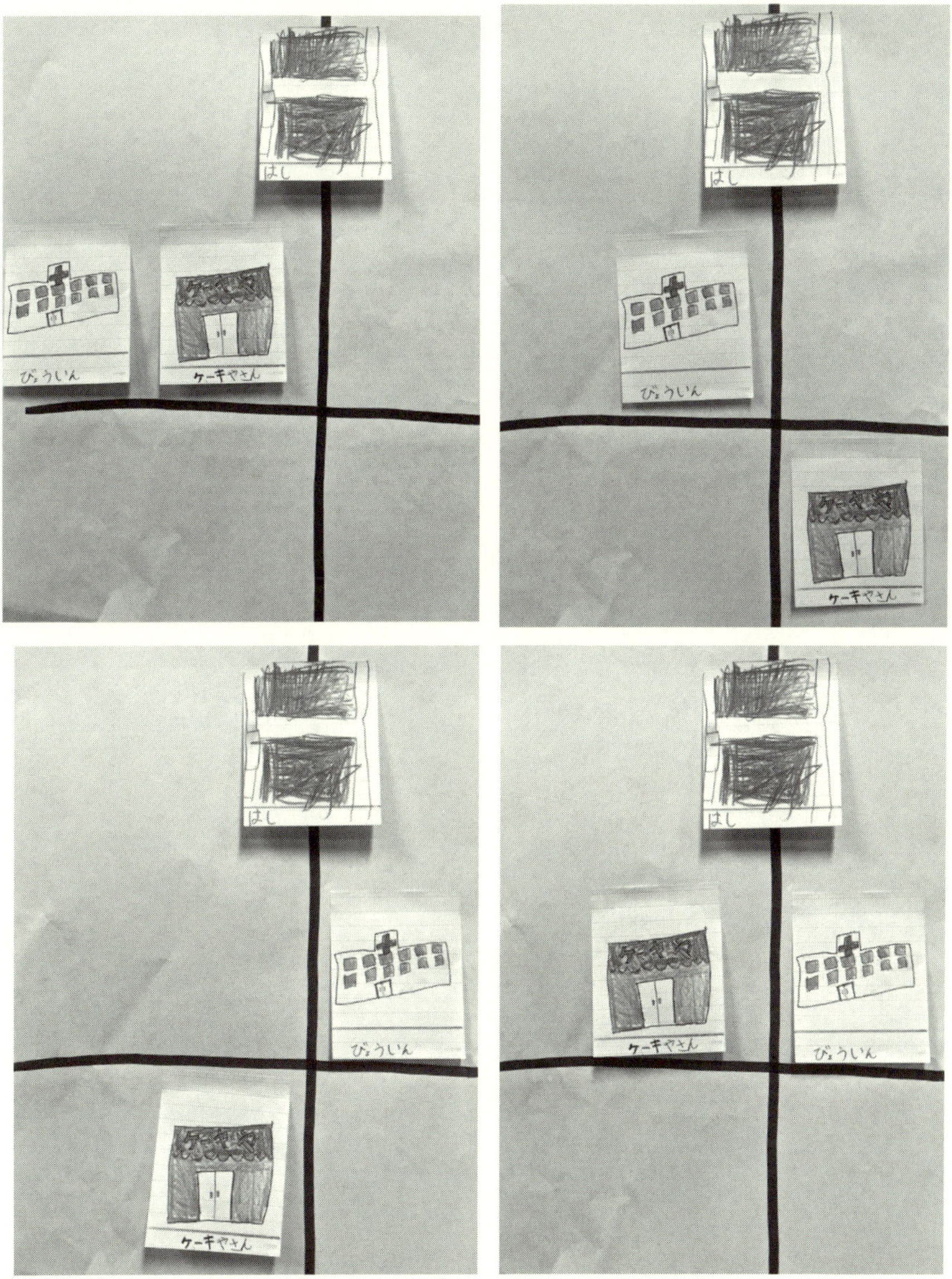

図6　子どもたちから出てきた四つ角のマップ。橋を渡って行った後、「病院」と「ケーキ屋」の位置を再現させた。わずか、これだけのことであったが、いくつもの置き方が出てきた。

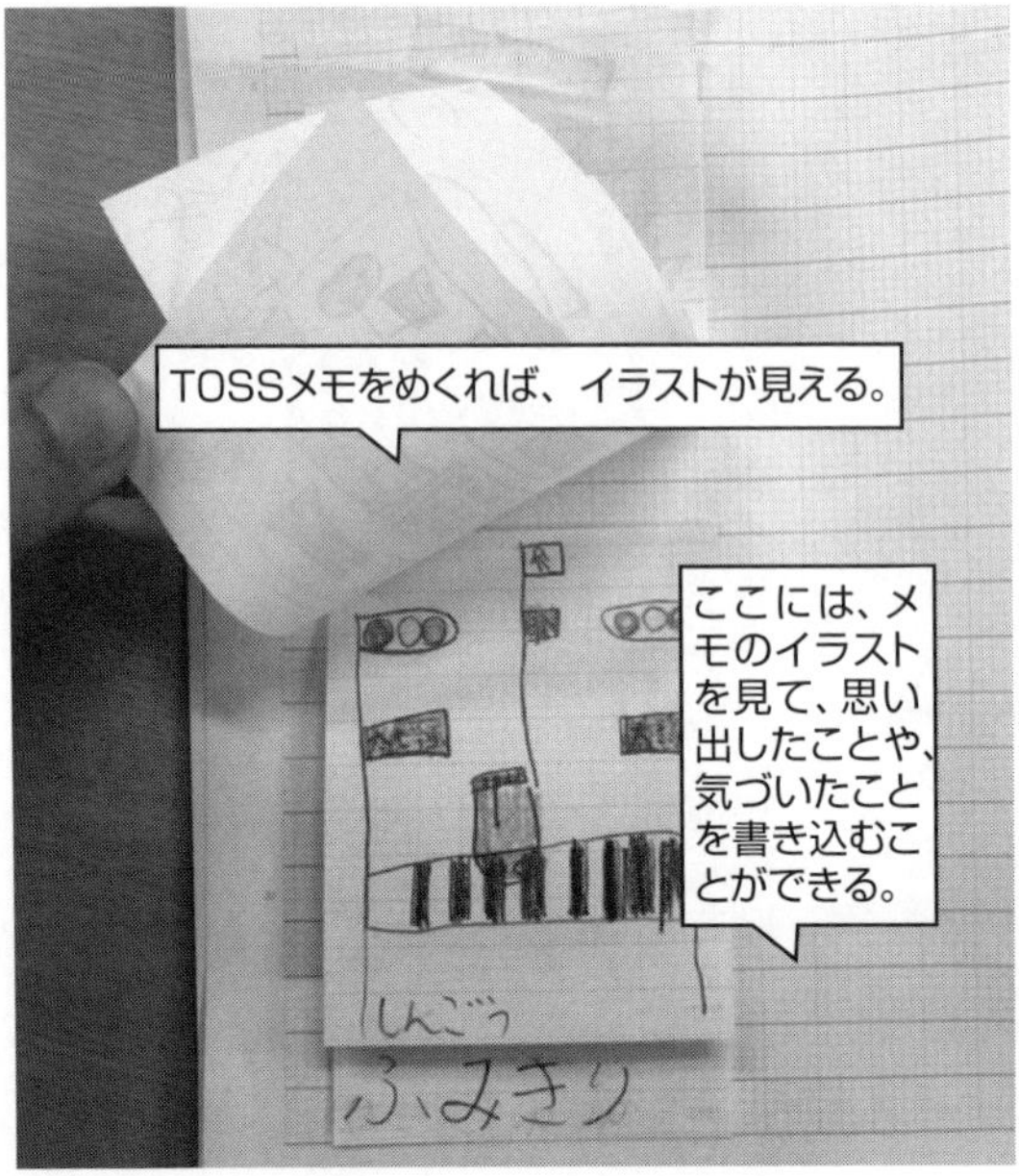

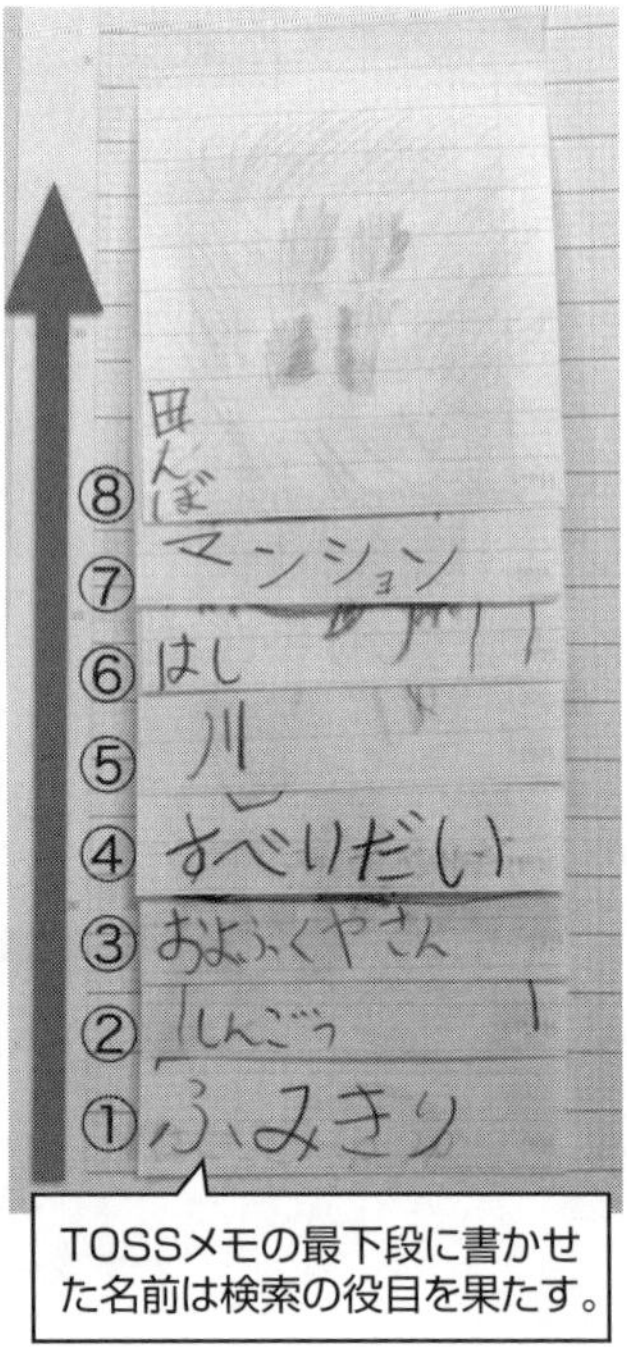

図7　作文づくりのための TOSS メモの活用

「もう一回見に行く。」

と言うので、再度、その場に行き、確かめることになった。二回目の見学は四つ角でのそれぞれの位置を確かめるだけなので、見る視点のはっきりしたものになった。ちなみに、このように見てきたものをその場でメモで再現するのは生活科ならば多くの場面で活用できる。例えば朝顔を観察させたあと、「TOSSメモに、今観察した朝顔の葉っぱを描きなさい。」と指示をした。そして、描いたものを一斉に班で見せ合った。皆、違う形の葉っぱを描いていた。そこで「誰のが正しいのですか。」と聞くと、班でメモを見ながら、話し合いが始まった。子どもたちは、形や葉脈の向きなど細部まで見ながら話し合っていた。

7 メモをもとに作文を書かせる

最後に、探検したことを作文に書かせた。もちろん、その時にもTOSSメモを見ながら書かせたい。しかし、実際には、画用紙程度の地図があると、机

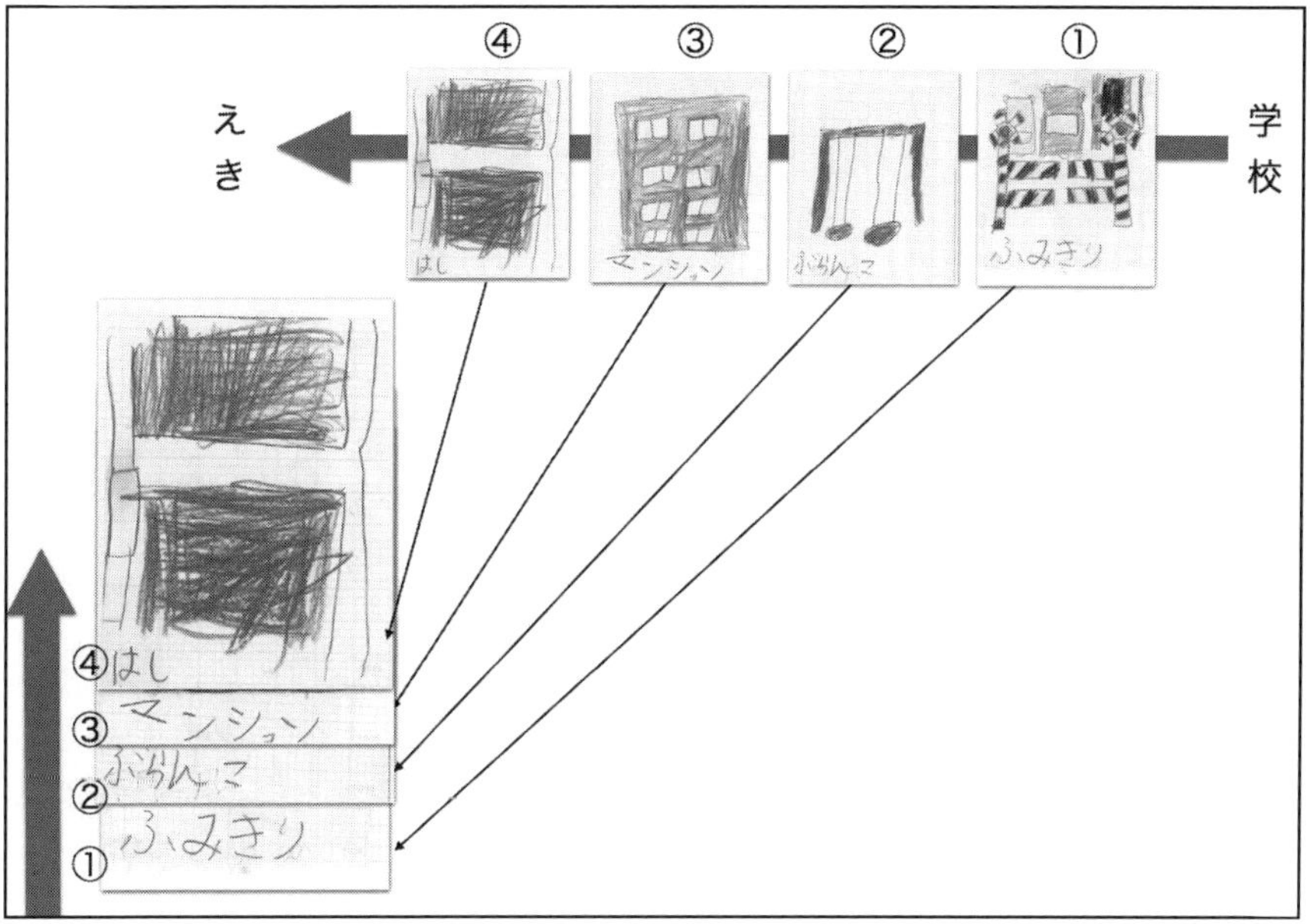

図8　ルートマップから作文づくりのためのTOSSメモ

の上がそれだけでいっぱいになり、プリントやノートを置くスペースがない。そこで、ＴＯＳＳメモの威力が発揮される。私は、子どもたちにノートの一番下に出発地点である学校のＴＯＳＳメモを貼らせた。

そして、ＴＯＳＳメモに書いた名前が分かるようにずらして、その上に二枚目を貼らせた。それを繰り返してＴＯＳＳメモを次々と貼らせ、最後の目的地である駅までを貼らせた。こうすることで、学校から駅までの順路が一目で分かる【図７右】。

ＴＯＳＳメモの最下段に書かせた名前は検索の役目を果たす。作文を書く時に、その場所の様子を忘れてしまったら、めくってそのＴＯＳＳメモを見ればよいのだ【図７左】。

しかも、スペースはそれほど多くとらない。机の上も散らからない。狭いスペースに多くの情報が蓄積されたメモの地図がある。それを見ながら、作文を書かせることで、子どもたちは、順路に沿いながら、順序通りに作文を書くことができた。また、メモをめくればイラストが見えるので、その時のことを思い出し、横にはメモを書き込むことができるようにした【図8】。
低学年の子たちには、探検をした場所でイラストを描かせたり、気づいたことを書かせたりすることは、難しい。そこで、このようなイラストが描かれたルートマップメモを使わせることで、探検した時のことを想起しやすくなった。例えば、ＴＯＳＳメモを見て踏切の様子を再現した子は次のように書いた。

とちゅうで、ふみきりがありました。
くろときいろのしましまでした。
カンカン大きな音がなっていました。
くるまやトラックがとまって
でんしゃがくるのをまっていました。
わたしたちもでんしゃがくるのをまっていました。
すると、でんしゃがガタンガタンと
大きな大きなおとをたててはしっていきました。
はしったあと、すごいかぜがビュンとふきました。

メモにはイラストが書いてある。もちろん、探検に行って自分で見たものを書いているわけである。しかし、たくさんのものを見てきているので、子どもたちはいざ作文に書こうとしても忘れてしまっている。ＴＯＳＳメモにはワーキングメモリーの役目を果たす機能がある。
ＴＯＳＳメモを見ながら、そこに書かれたイラストの様子を再現するだけで、素晴らしい作文ができあがった。

さらに

「ＴＯＳＳメモを見て、お隣さんとお話をしなさい。」

と言うと、その時のことを思い出して話していた。

「今、お隣さんと話したことを書いてごらん。」

と言うと、日頃、作文が苦手な子も鉛筆を動かしていた。

8 何を地図に載せればよいのか

「山田さんたちの犬小屋を地図に載せたい。」という子にどう対応するか。結論から言えば、犬小屋を地図記号にする必要はない。なぜなら、それは個別の視点であって、公共性のあるものではない。なぜ、地図記号にしなければならないか。それは、いつ誰が見ても、そうだと分かる「一般性」があるからだ。一部の人しか分からないものや一時しか存在しないものは地図にはできない。ちなみに子どもたちが見つけたものは次のようなものである。

みつば・信号・空き地・バッタ・ブランコ・宝くじ売り場・コスモス・公園・急な坂道・○○くんの家など

一年生の子どもたちの見方とはこのように非常に個人的なものばかりである。地図は、多くの人が利用するために、どうでもよい情報を載せるわけにはいかない。しかし、一年生の子どもたちの目にとまるものは、彼らの生活経験を反映したものである。だからこそ、「個人的なもの」になる。ただし、これをいきなり公園や交番、公民館、学校などに絞り込ませるのは性急すぎる。そこで次のように問うた。

地図をつくるとするならばどれを地図に載せますか。載せたいＴＯＳＳメモを選びなさい。

ＴＯＳＳメモには簡単なイラストと名前を書かせている。子どもたちは、それらの建物を使わない限りは、興味を示さないものである。むしろ、「みつば」とか「カマキリの卵」という見方のほうが子どもらしい。おそらく、低学年の子どもたちは、見た目において年中変化のない公民館の建物よりも、季節で変化をしていく植物や昆虫、稲の穂とか、なにかの卵とかのほうに目を向けるのではないか。

低学年の地図づくりにおいては、昆虫や花が入ってくることに問題があるわけではない。低学年は「自然科学的な見方」と「社会科学的な見方」という明確な区分が未分化な状態だからこそ「生活科」という科目ができたわけだ。問題は、いかにして、それを「社会科学的な見方」に移させるかだ。そこで、次のように問うた。

友だちが、いつでも駅から学校に来ることができるようにするために地図をつくります。もし、その友だちのために地図をつくるとすると、何を目印として載せればよいですか。

今まで子どもたちは「自分の目線」から見える世界で考えていた。しかし、今度は「相手」からどのように見えるのかということを考えなければならない。今までに書いたＴＯＳＳメモを一旦机の上に広げさせた。そして、

目印としていいものを三つ選んで机の上に並べなさい。

と指示をした。これもまた喧々囂々《けんけんごうごう》の論争になった。

9 「季節や時間によって変わるもの」と「季節や時間によっては変わらないもの」に分ける

目印として「コスモス」がいいと言う子がいた。理由は「目立つ」からだ。確かに校区探検に行った時には一面に咲いていて、とても目立っていた。

「コスモス」は目印になるのか。

と子どもたちに聞いた。すぐに反対意見が出た。もし、その友だちが「冬」に来たらコスモスは枯れてしまって、ない。枯れてしまえば目印とはならなくなる。では、「魚」は目印となるのか。これも、すぐに反対意見が出た。「魚」なんてすぐに、いなくなってしまう。だから、目印にはならないと言う。「卵」や「くもの巣」もそうだ。つまり

季節や時期によって変化するものは目印とはならない。

と言うのだ【図９】。動物や植物はダメだということだ。ここで子どもたちの視点は

図9　時間の経過ともに変化するので、目印にならないと子どもたちが考えたもの

「季節や時間の経過により変化するもの」と「変化しないもの」

という二つに分ける必要性が出てきた。そこで、TOSSメモを使って「変わるもの」と「変わらないもの」に分けた【図10】。

変わるもの⬇魚・田んぼ・花・くもの巣・ホトケノザ・卵・蝶々・犬……

変わらないもの⬇すべりだい・マンション・洋服屋・橋・川・ブランコ・踏み切り……

すると、一人の子から次のような疑問が出た。

それなら、「田んぼ」は目印にならないのか。

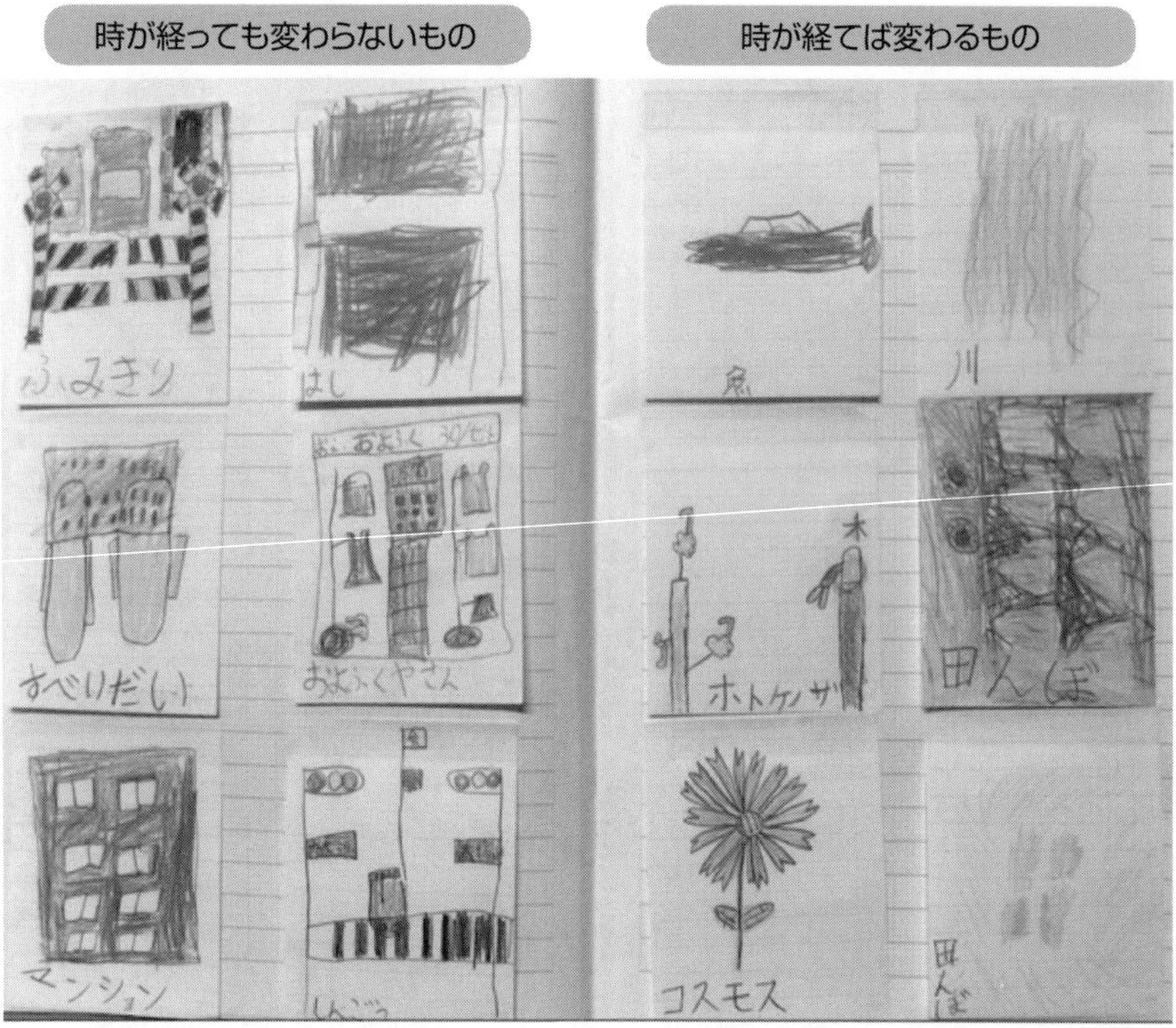

図10　子どもたちが分けたTOSSメモ

子どもたちは「冬になると枯れてしまうから目印にならない。」と言う。確かに稲は刈り取られてすでにない。だから、「目印とはならない。」と言う。しかし、「稲はないけど、田んぼは冬でも、ここが田んぼということは分かるはずだ。」と言う子もいた。田んぼや畑は春になれば同じものを植える。だから分かるという。

確かに、田んぼという土地そのものはある。ただ、そこに稲がないだけだ。しかし、知らない人が見たら、田んぼなのか、畑なのか分からない。だから、田んぼは目印にならない、と言う。これも論争となった。

10 個人の家は目印となるか

同じように「山田さん」とか「田中さん」のような個人の家はどうかと聞いた。一度もそこを歩いたことがない友だちが「山田さん」と「田中さん」を知っているはずがない。だから、目印とはならないと言う。

しかし、表札を見れば「山田さん」とか「田中さん」も分かるはずだとも言う。つまり、何かの手がかりになるものがあればよいというわけだ。「宝くじ売り場」はよいという意見が出た。「大きな看板」があるからすぐに分かるというのだ。「公民館」も「看板」がある。お店もいい。公園もよい。見たら誰でも公園だと分かる。つまり

> **誰がいつ見ても分かるものがよい。**

ということになった。

「お店」「駅」「トイレ」「信号機」「ビル」などの建物や建設物が中心となった。ただし、ビルについては意見が分かれた。ビルだけではダメだ。どんなビルかが分からないと目印にならないと言う子がいた。ビルには、「○○ビル」のように看板がついているから、それを載せれば問題はないと言う。一年生ながら、「看板」に注目している

のは面白かった。いずれ、三年生の社会科での校区探検では、「看板」に重要な情報があることを理解するようになる。このように話し合いをさせてこの時間は終わった。

最後に、自分たちが地図に載せるために選んだものと、社会科で出てくる実際の地図を比べさせた。当然のことながら、地図には、「犬」や「ひまわり」「くもの巣」などは載っていない。そのことから、子どもたちは、自分たちが話し合ったように、地図には、誰が見てもすぐに分かるようなものが載っているのだということを理解することができた。

11 マップ上でメモを分類させる意義

昔から、「分ければ分かる」と言う。思考するということは、すなわち、『分類する』ことにある【図11】。TOSSメモの最も効果的な使い方の一つは「分ける」ことである。

この学習の中で、まず、いくつも見てきた多くのメモの中から、「学校」から「駅」までの間にあったものを選ばせた。つまり、その区間にあったものか、そうでないものかでメモを分けたことになる。AかAでないかで分類したわけだ。これが最も初歩的な分類法であろう。

次に、学校と駅の真ん中にマンションを置き、学校からマンションまでをA、マンションから駅までをBとした。

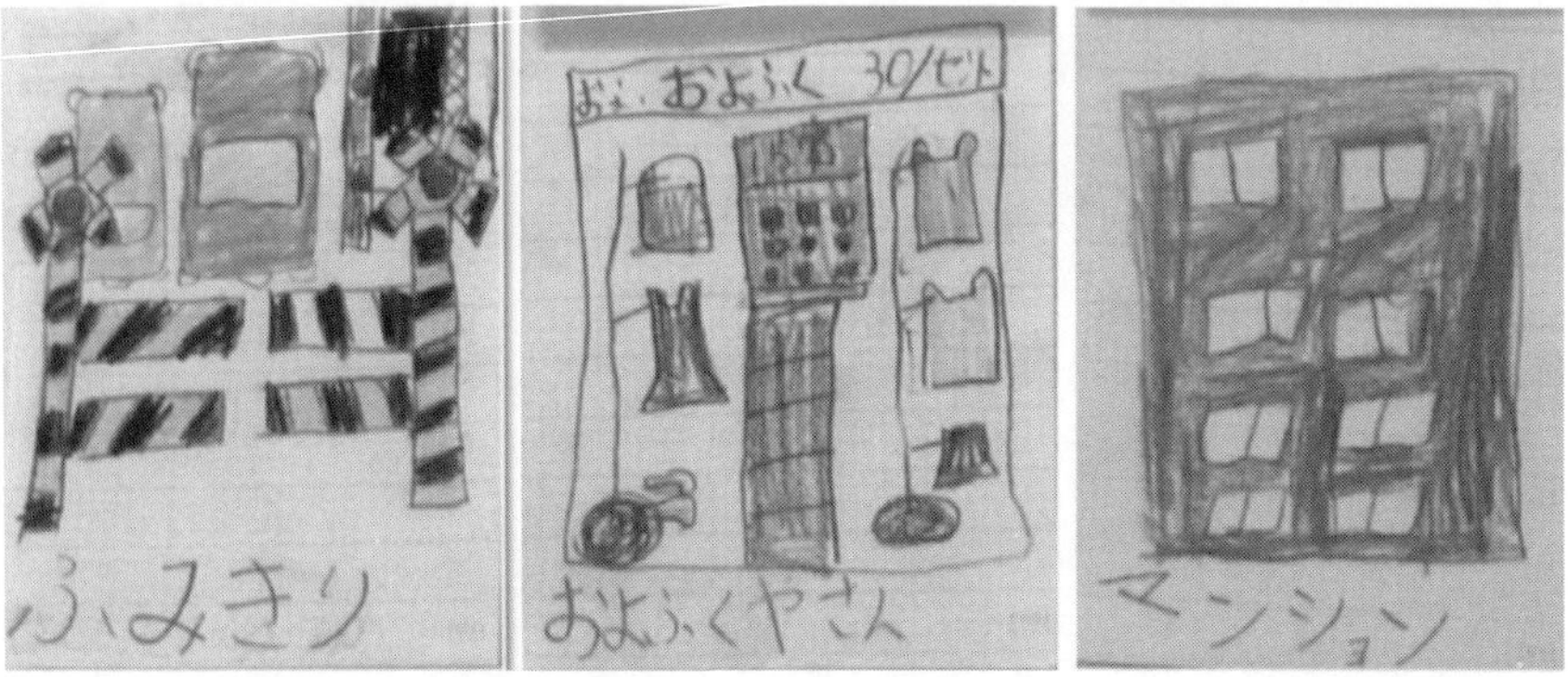

図11　いつ誰が見ても分かるものとして分類されたTOSSメモ

そして、その区間にあるメモをAかBのどちらにあったかで分けた。AかBかで分類したわけだ。先ほどよりも少し複雑になった。さらに四つ角で二つの建物がどこにあるかを聞いた。こうなるとA、B、C、Dと四つに選択肢が増えることになる。少しずつ分類するための項が増えているのが分かる。

このようにしながら、マップ上である情報を「分類」していった。マップ上だから、「空間的な広がり」の中で分類させたと言ってよいだろう。最後に、メモを「季節で変化するもの」と「変化しないもの」に分けた。先ほどは「空間的な広がり」の中でメモを分類したが、今回は「時間的経過」の中で分類させたことになる【図12】。「空間的なもの」あるいは「時間的なもの」の中で考えさせるのは、極めて大切なことである。

生活科では、子どもたちに、よく観察をさせる。その一つは、校庭のどこにどんな植物や虫がいるかというような「空間的な広がり」における観察である。

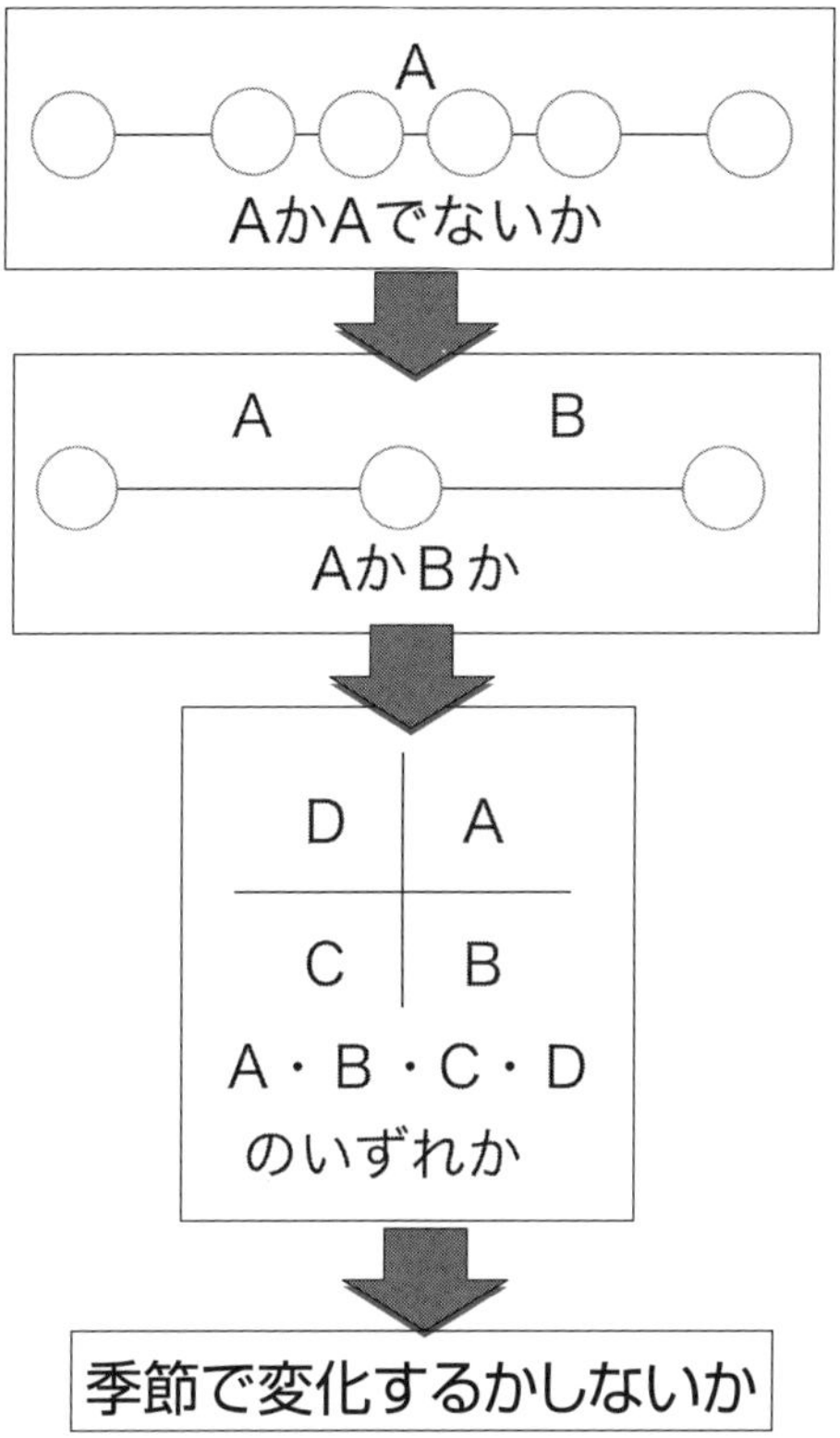

図12　TOSSメモ分類のステップ

もう一つは、いわゆる「定点観測」だ。つまり、ある一定の場所を定め、それが「時間の経過」とともにどのように変化するのかを観察させる。いわば、「時間的な経過」の中での変化に気づかせるわけである。校庭という定点を、四季を通して観察させるのは、これにあたる。

向山氏は、一枚の写真から子どもたちがどのように情報を読みとるかについて詳細な研究をされ、一つのモデルをつくられた。これを「雪小モデル」という。そこにおいても、子どもたちが、写真から読みとった情報は、どのように発展していくのか詳細な研究がされている。そこにおいても、「空間的な広がり」や「時間的経過」というのは、重要なキーワードであった。

第３章

「立体的グラフ」と「マップ」を連係させたＴＯＳＳメモ活用法

1　中学年「商店の働き」の学習でのＴＯＳＳメモ活用法

1　買い物調べでは、レシートの情報をＴＯＳＳメモに書かせる

　ここでは、スーパーマーケットの見学の視点づくりについて、ＴＯＳＳメモを活用した方法について紹介する。

　一人に一冊、ＴＯＳＳメモを渡した。そして、買い物調べをすることを伝え、買った商品一つにつきメモ一枚に書いてくるように指示をした。

　その時に、「必ずレシートをもらってくるように」と付け加えた。なぜならレシートには多くの情報が書かれている。これを使わない手はない。家から持ってきたレシートを友だちと見せ合わせた。これだけで教室は賑やかになる。子どもたちは黙っていてもそのレシートから様々な情報を読みとろうとする。例えば、どこで買ったのか、それはいくらだったのか、高いのか安いのか、あるいはどこの店が安いとか高いとか、自分が知っている情報を相手に伝えようとした。さらに「ポイント制」などサービス面にも気づかせることができる。五倍と書いてある文字に注目した子がいた。

「何が五倍か分かるかな。」

と言うと一斉に
「ポイント！」

という答えが返ってきた。それから、何人かにポイントとは何か、説明させた。お母さんがポイント五倍の時に買い物をしたら得だと言っていたそうだ。家庭で話している情報をどんどん引き出したほうがよい。さらに、レシートに書かれている情報をＴＯＳＳメモに書かせた。

まず、一番下の行に「品名」と「値段」を書かせた。そして、その上に赤鉛筆で線を引かせた【図１】。その上は調べたことを書き込むスペースである。一番下の行には「品名」だけでもよかったのかもしれない。しかし、後々「値段」も大切な指標となるだろうと思った。その上には、自分が調べたことを書いていかせた。例えば、次のようなことである。

①お店の名前
②買った日時と曜日
③割引されたならばどのくらい割引があったか。
④イラストなど

とにかく、商品をみて気づいたことや分かったことをメモさせた。それを一週間続けてみた。ある程度メモが貯まったところで、グループをつくらせ、自分たちのメモを並べさせた。

２　TOSSメモで立体的簡易グラフをつくる

> 自分たちの書いたメモを自由に並べ替えなさい。

と指示をした。

最初は、どのように並べれば分からない子が多かったが、何らかの観点で分けて並べている班をほめていった。

「おっ、すごい！　値段が安いものと高いものに分けているね。」

図１　レシートの情報を書かせたTOSSメモ。調べたTOSSメモを「値段」「お店」などの項目別に分類する

「お肉や魚、飲み物などで分けているね。」
などのように具体的にどのような観点で分けているのかを言ってほめた。品物を買った店ごとに分類し、どの店が一番たくさん買われているかを調べたグループもあった【図2】。店ごとに集めたメモを下のように一番下の行だけ見えるようにずらして貼り重ねていくと、店ごとの「売り上げ簡易グラフ」ができる。

　この単元では、通常、導入段階で、買い物調べをして、どの店でどの商品がどれだけ売れているかを調査する。TOSSメモを使うと、メモを並べ替えるだけで、すぐに店ごとの売り上げ簡易グラフができる。しかも、メモに書き込みができる。つまり書き込みができる「簡易グラフ」なのだ。

　これを「立体的簡易グラフ」と名付けた。このあとの展開としては、なぜAの店では売り上げが多いのかということになるが、並べているうちに自然と子供たちの口からそのことが出てくる。

「今、話したことをメモに書いてごらん。」
と言うと、割引や安さなど話し合ったことをメモに書き込んでいた。Aの店では、値段が安いとか、野菜が新鮮だとかいう話になると、そのメモに「新鮮」とか「安い」という言葉を入れ込んでいかせた。

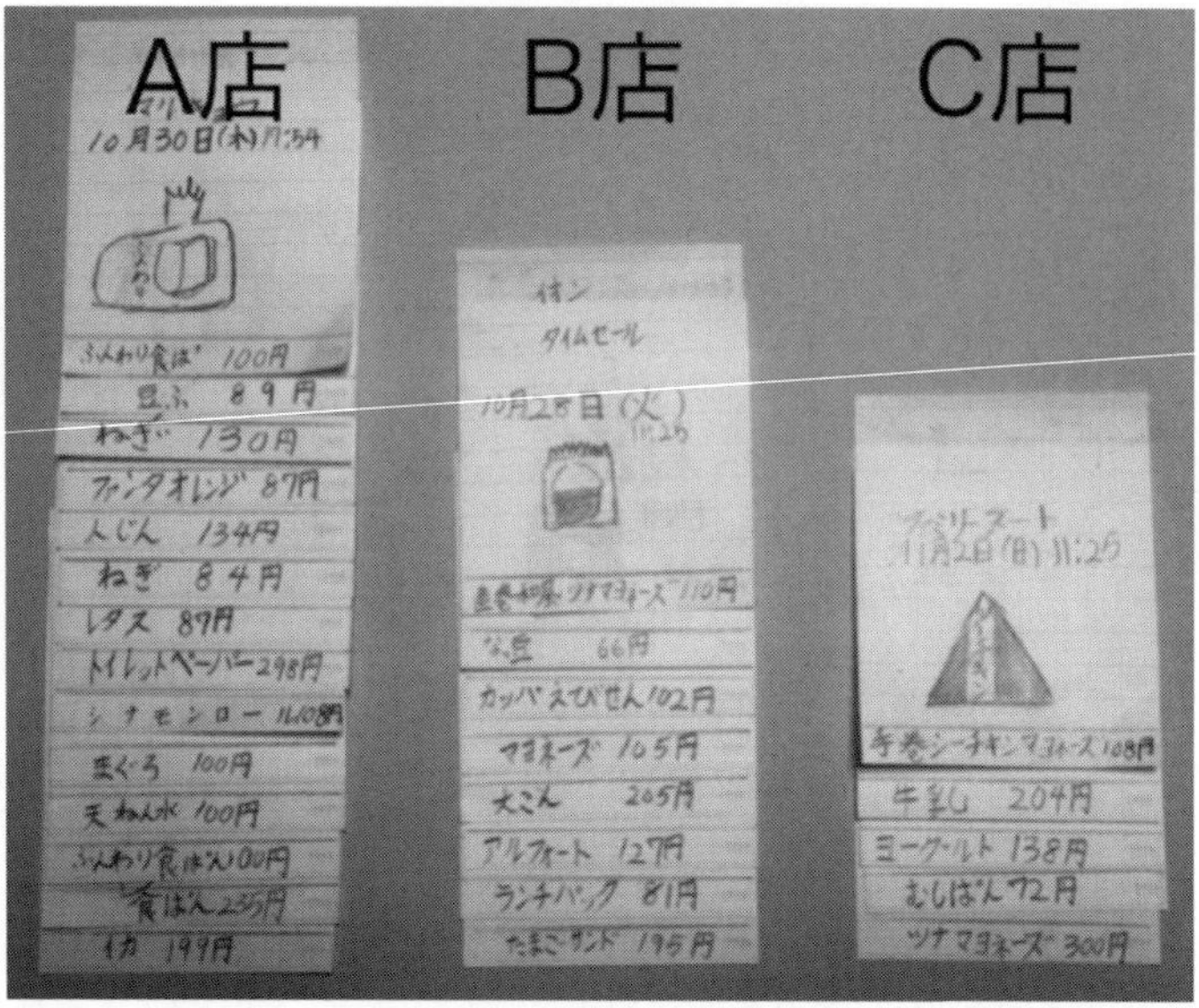

図2　店ごとに並べた簡易グラフ。メモの情報をもとに、買った店ごとに分けた。どの店の売り上げが多いかが分かる

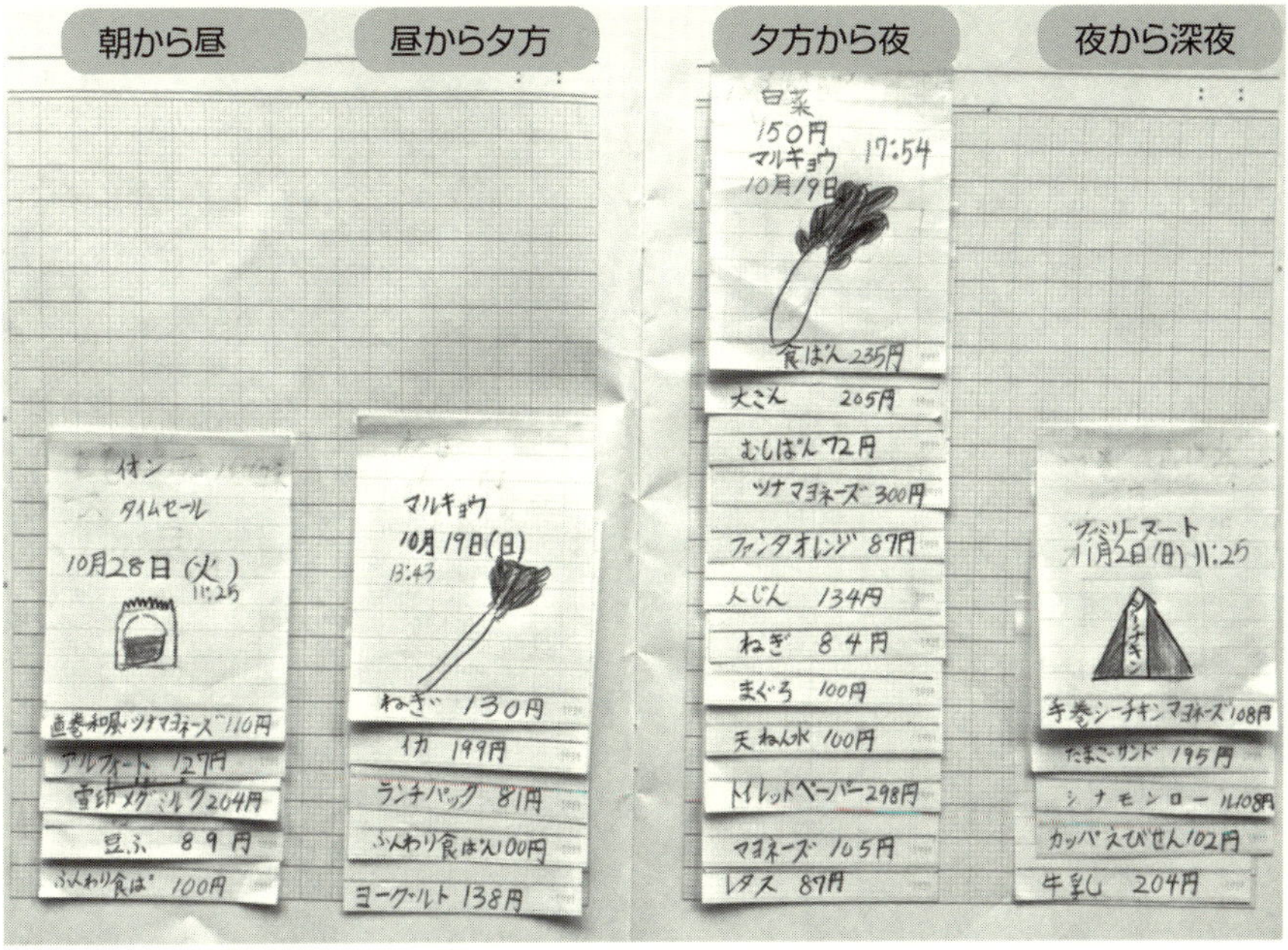

図3　買い物の時間帯で分けた簡易グラフ

メモの機能に「ワーキングメモリーの代わりになる」ということがある。特に話したことを忘れないようにキーワードを書き込ませることはとても大切だ。授業者は、子どもたちの間を回りながら、

「今の気づきとてもいいね。メモに書いておいて。」

と指示を出しがなら、書かせることができる。

3 立体的簡易グラフをアレンジする

立体的簡易グラフは、アレンジも自由である。例えば、「買い物の時間」で分けてみた【図3】。TOSSメモを、買い物をした時間をもとに、朝・昼・夕・深夜でおおまかに分けて並べてみる。すると、夕方に一番多く買い物がなされていることが一目瞭然だ。

「なぜ、夕方に一番買い物をしているのか。」

と子どもたちに聞いた。すると、お母さんたちも働いていて、仕事帰りに買い物をすることが多いからと答えた。

また、曜日によって分けた班もいた【図4】。金

曜日に、たくさんのものが買われていることが分かった。ポイントセールがあったからである。このように、様々に観点を変えて並べ替えることによって、様々な表題の簡易グラフをつくることができることはTOSSメモの大きな特徴である。しかも、並べ替える時に必ず子どもたちは、様々な気づきを口にしながら、作業をする。そこにこそ大切なことがある。

メモには、それを忘れないうちに書きとめることができるという大きな特長がある。また、より大きな傾向を知ろうと思えば、二つや三つの班を合体させて、より多くのメモを貼り替えさせるとよい。あるいは、クラス全体で模造紙にメモを貼らせる方法もある。すると、より多くの情報が集まるので、その傾向も顕著に見えるようになる。

そのあと、気づいたことや不思議に思ったことをノートに箇条書きで書かせていった。

「A店では、B店よりもどうして野菜をみんな買っているのか。」

「A店では、同じ牛乳なのに値段が曜日よって違うの

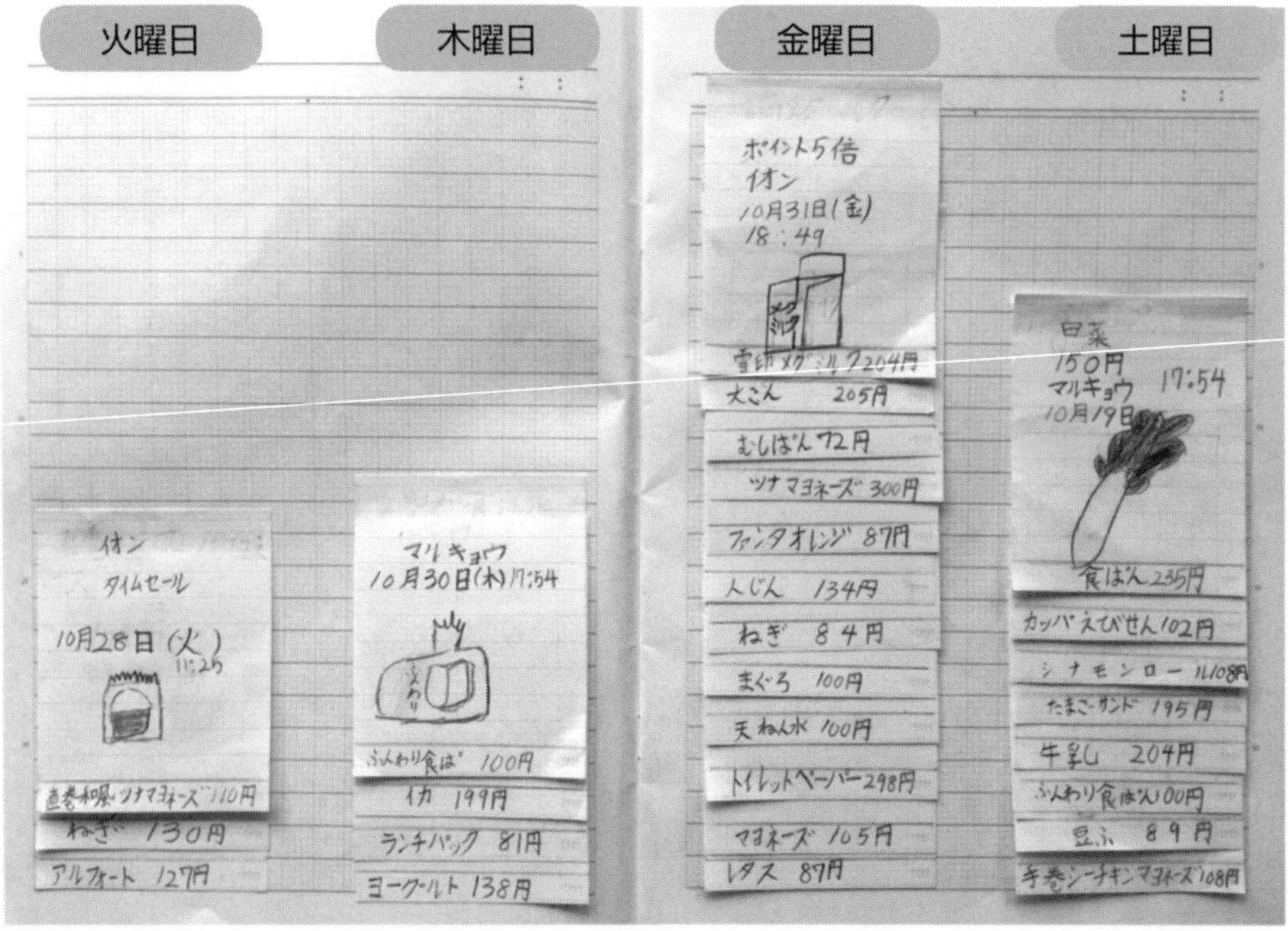

図4　買い物をした曜日で分けた簡易グラフ

はなぜか。」

など、その売り方の工夫や違いについて子どもたちは多くのことを気づいた。これは、見学の大きな視点になる。

これから調べたいことを話し合い、その中から見学に視点を決めていった。

４　TOSSメモを使った店内マップづくり

子どもたちが、熱中して見学をする方法がある。

> 「店内のマップづくり」である。

これは福井の吉田高志先生の実践をもとにTOSSメモの活用という視点を入れて追試をしている。子どもたちに店のレイアウト図を配付した【図５】。そして、前の授業で使った、商品が書かれているメモを出させて、次のように指示をした。

> スーパーマーケットの店長さんになったつもりで、品物をお店の棚に並べます。たくさん買ってもらえるように品物を並べてごらん。

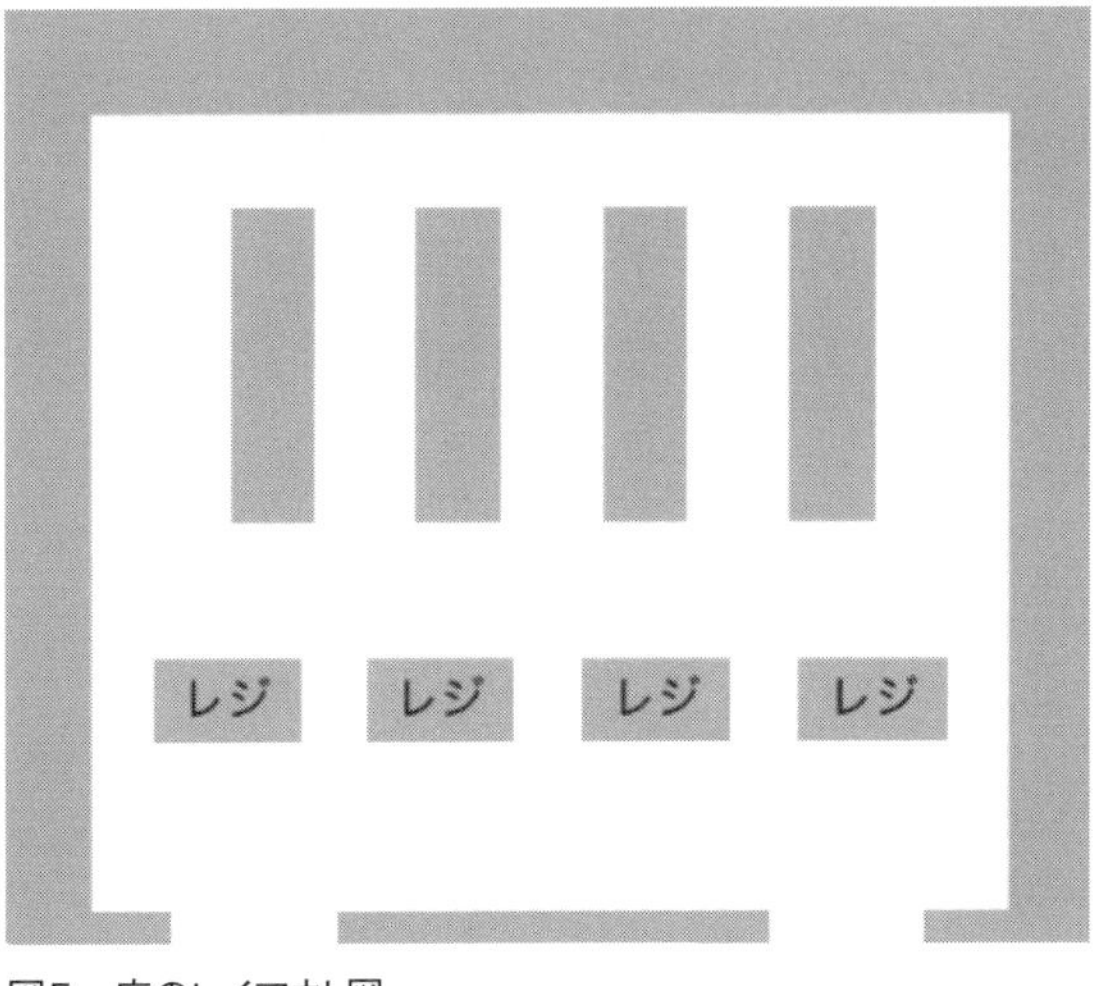

図5　店のレイアウト図

今までの経験をもとに、子どもたちは、陳列している場所を考えていった。言うまでもなく、ＴＯＳＳメモは何度でも貼り替えることができる。商品棚の図をプリントしたものを子どもたちに配付して、カードを貼らせた。以前、取材に行ったスーパーの店長さんからは次のようなことを教えていただいた。

人は最初に値段の高い肉や魚をカゴに入れてしまうと、購買意欲が減少する。そこで、入り口付近には肉や魚ではなくて、比較的値段の安い野菜を置いている。また、野菜と同じく入り口付近に陳列されているのが果物だ。色鮮やかな果物にはお客の購買意欲を高める効果がある。人は、鮮やかな色に刺激されると気持ちが高揚して購買意欲が高まるのだそうだ。

また、ほとんどのスーパーでは入り口から「左回り」でお客さんを誘導するように売場を設計している。これにも理由がある。陸上競技やスピードスケートも基本的には「左回り」である。人は心臓のある左側に回る時は心地よく感じ、逆に右側に回る時は気持ち悪く感じる。そのためにスーパーでお客様が進む方向は常に「左回り」に設計されている。考えてみれば、コンビニエンスストアもそのようなつくりになっている。

「出入り口に置いたらいいなと思うものは何ですか。」
「店の一番奥に置いたらいいなと思うものは何ですか。」

などと問いかけをしながら考えさせた。ここで意見が分かれたものについては、「見学の時に実際に見て確かめよう。」と呼びかけると、子どもたちは一生懸命に店内を見学しようとした。

ここでは、ＴＯＳＳメモを使って立体的簡易グラフとマップづくりを行った。さらに、これに学習後の見開き二ページまとめ学習でも、ＴＯＳＳメモを使うことができる。そして、それは、社会科の多くの単元で使える方法でもある。社会科は統計を扱う教科であり、地図を扱う教科でもある。

「統計資料」と「地図」は社会科の主要な資料であるが、ＴＯＳＳメモを使って、効果的に学習に活用させることができる。「ＴＯＳＳメモを使った立体的簡易グラフ＋ＴＯＳＳメモを使ったマップづくり＋ＴＯＳＳメモを使ったまとめ学習」の組み合わせにより、今まで以上に社会科の学習は楽しくなる。

2　中学年　わたしたちの住む福岡県の学習でのＴＯＳＳメモ活用法

①福岡県で有名なものをＴＯＳＳメモに書き込む

「福岡県で全国的に有名なものに何があるか。」と聞いた。「めんたいこ」「屋台」「ラーメン」「ホークス」などが出てきた。しかし、調べてみるとほかにも結構あるのだ。例えば「いちご」の生産量だ。「あまおう」という品種が福岡市近郊や久留米市、八女市でつくられている。このいちごの作付面積は全国一位だ。もともと福岡県南部の筑後地区は水量豊かな筑後川と広大な筑紫平野があるため、農業が盛んだ。また、うきは市や八女市では果物栽培や「八女茶」に代表される茶づくりが盛んである。

そのほかにも、洋ラン（糸島市）、い草（大川市）、たんす（大川市）などが全国的に有名である。また工業製品でも有名なものがある。ゴム製品だ。ブリヂストンの本社があったのが久留米市だ。アサヒコーポレーション、ムーンスターなど三社で車のタイヤや靴底などのゴム製品を生産している。二〇〇五年にはフランスのミシュラン社を抜き、世界第一位のシェアを誇るようになったのだ。

北九州地区では、北九州港を中心に戸畑港や苅田《かんだ》港では工業製品の出荷額が全国トップクラスである。「ＴＯＴ

O」の本社があるのが北九州市だ。もともと工業地帯として明治時代から発展した北九州市にはものづくりを中心とした工業製品が多くつくられている。また、近くの苅田町には日産自動車、若宮市にはトヨタ自動車の生産工場がある。

そして、なんといっても、博多港は外国乗降客数が全国第一位である。福岡はアジアの玄関口として、貿易においても全国屈指の拠点地域となっている。特に近年はアジア地域との交流が盛んになり、地理的にも福岡が重要な都市として注目を浴びている。

これらの話をざっと話すと、子どもたちは

「すごい！」

と口々に言った。そこで次のように指示をした。

福岡県の素晴らしいところを詳しく調べたいと思います。教科書や副読本を見て、これから調べてみたいことを一つ選びなさい。

そして、TOSSメモに次のように書かせた【図6】。

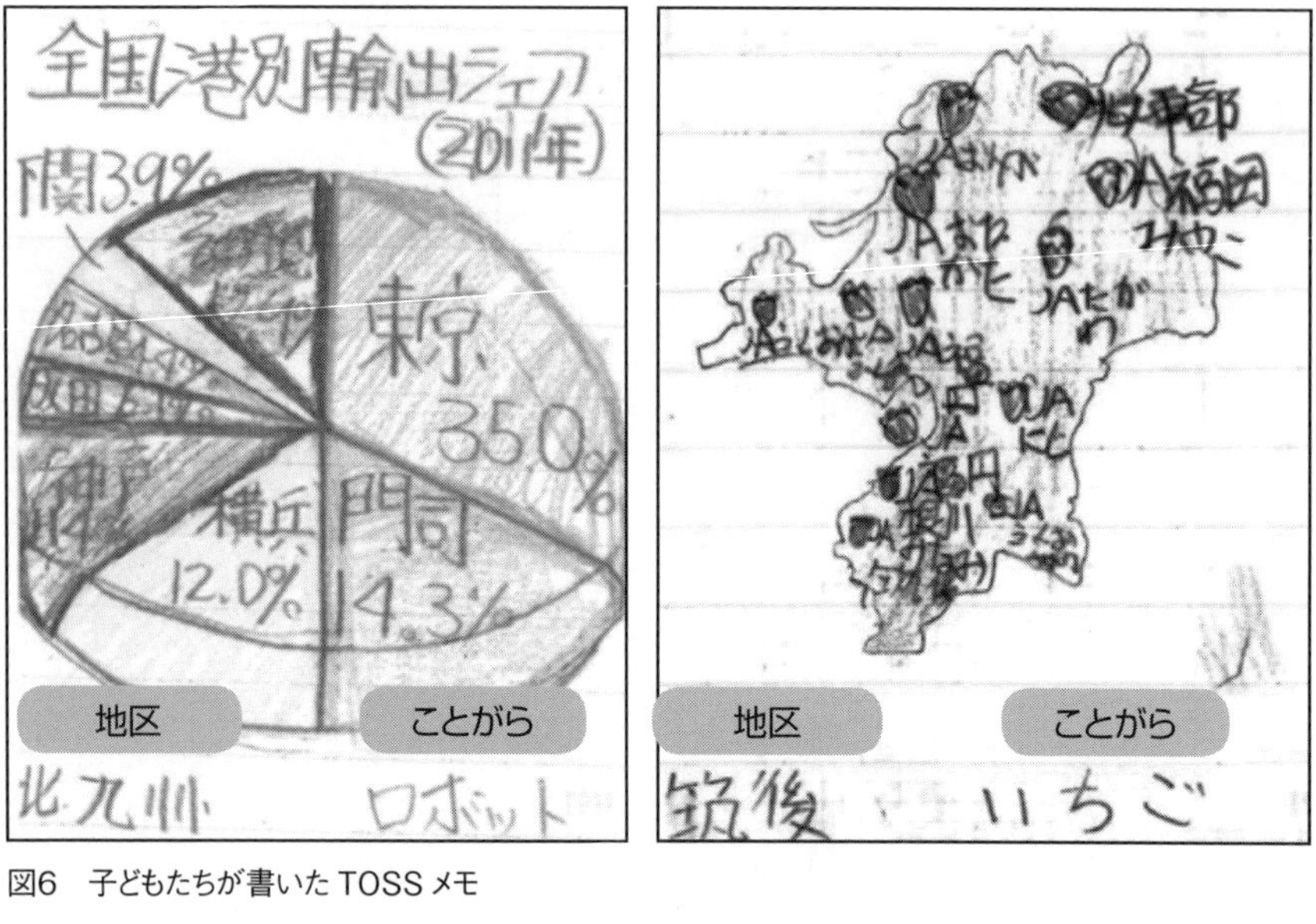

図6　子どもたちが書いたTOSSメモ

①一番下の行には、「生産、あるいは様々な催し物が開催される地区名」「事柄の名前」を書く。
②上には、それについて自分が調べたことを書く。
③できるだけ統計資料を載せる。

③については、イラストを描くことが難しいならば、プリントアウトしたものを貼り付けてもよい。またトレース紙で書き写してもよいということを話した。

地図帳や副読本を見て、それについての情報をできるだけ多く書かせた。また、あらかじめインターネットで印刷した資料（福岡県の特産物や伝統行事・生産量が多いものの一覧表など）を配付した。

2 TOSSメモでグルーピング

書いたTOSSメモをグループで集めさせた。そして、似た内容のものを集めさせた。いわゆるKJ法である。KJ法は、川喜田二郎氏の『発想法』で有名になった手法である。以下のようにする。まずグループの中で一人の子にメモを出させる。次に、ほかの子がそれに近いものや似ているものを出していく。例えば、「いちご」だったら、「キーウィ」「みかん」などである。出し終わったら、次の一枚を出して同じように似たものを集める。

このようにしてグルーピングしていった。最後に、それぞれのグループが何のグループか分かるように名前を付けさせた。

子どもたちは、以下のようにグループ分けをした。

> **①農産物グループ……………いちご・キーウィ・たけのこ・い草・小麦・ラン・玉露**
> **②工業製品グループ…………ゴム・自動車・セメント・鉄道レール**

③交通・貿易グループ……博多港・福岡空港・北九州港・戸畑港・苅田港
④祭りグループ…………博多どんたく・博多祇園山笠
⑤食べ物グループ………ラーメン・明太子
⑥観光地グループ………太宰府天満宮・のこのしまアイランドパーク・海の中道海浜公園
⑦建物グループ…………福岡タワー・福岡ドーム
⑧伝統工芸品グループ……博多人形

3 テーマ別新聞づくりで情報の共有化

ＴＯＳＳメモの優れたところは「貼り替える」ことができることである。例えば、次のようなこともできる。Ｂ４の紙を数枚、黒板に貼った。

それぞれの紙には、「農業関係」とか「工業関係」などのテーマを書いておいた。そして、子どもたちに、それぞれに関係のあるＴＯＳＳメモを持ってくるように指示をし、紙に貼っていった【図7】。すると、短時間でテーマ別の新聞ができた【図8】。実は、これがとても大切なのである。

この段階までに、子どもたちは、自分の調べたいものしか調べていない。しかし、それでは、情報は個別なもので全体での共有がなされていない。ここで情報の共有が必要なのだ。

ＴＯＳＳメモを使うと、それぞれが調べた個別の情報をあるテーマに沿って瞬時に集めることができる。あとは、必要な枚数を印刷して子どもたちに配付すればよい。足りない情報や知識を補うことができる。さらに時間があれば、そのテーマ別新聞を見て、意見交換や質問会をしてもよい。また、ワークショップのようにそれぞれにブース

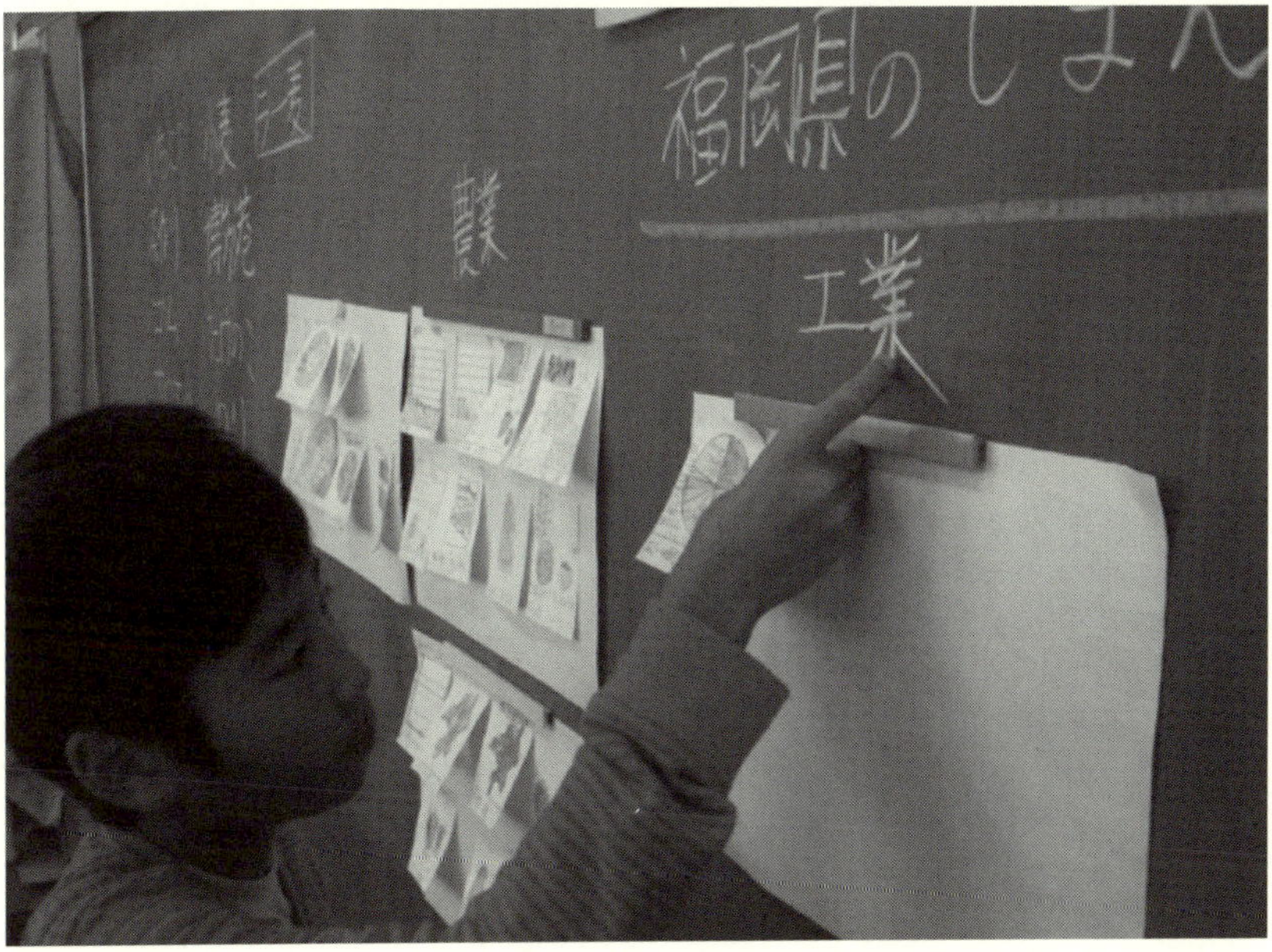

図7　TOSSメモをカテゴリー別に分ける子どもたち。調べたメモを「農業」「工業」などの項目別に分類した。必要な項目についての情報がすぐに集まった

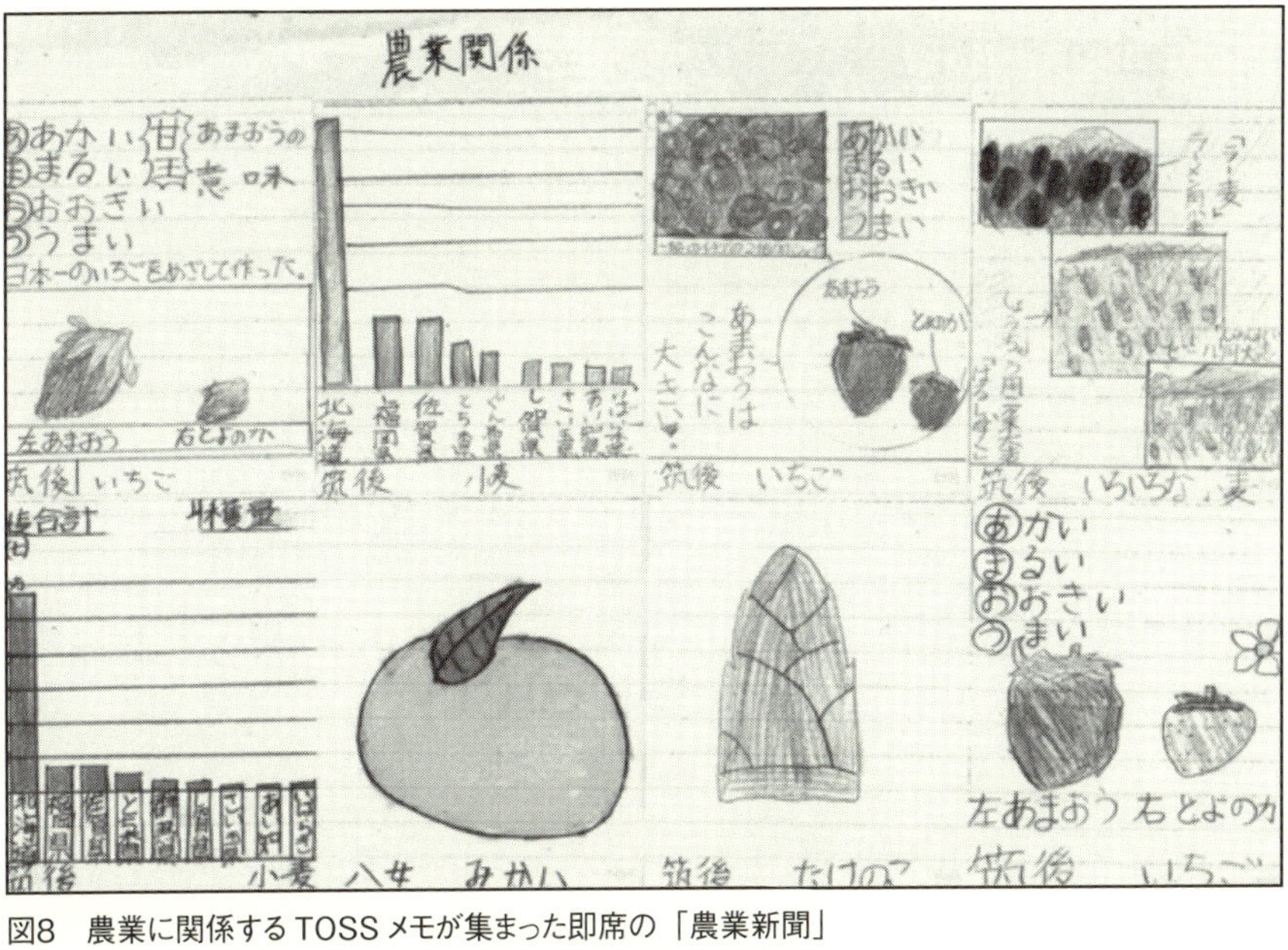

図8　農業に関係するTOSSメモが集まった即席の「農業新聞」

を決めて、時間まで好きな場所に行き、自分たちで意見交流などをしてもよい。そのようにすることによって、お互いに得た情報や知識をクラス全体に広げることができる。これはこの単元に限らず、ほかの単元でも、実践可能である。特に社会科では、幅広い知識や情報を扱う。

メモを貼り替え、あるテーマに沿った情報を集めることこそが、メモを活用するよさである。なお、メモは印刷が終わったら、また子どもたちに返せばよい。今までは、ノートを子どもたちから集め、膨大な枚数を印刷していたが、そのような煩雑さはなくなる。

4 TOSSメモで立体的簡易グラフをつくる

書いたTOSSメモを何かの視点によって縦に並べていくと「簡易グラフ」ができる。例えば、「食べ物」という観点で集めたTOSSメモを地区別に並べてみた。すると圧倒的に「筑後地区」が多いことが分かる【図9上】。筑後地区は農業がとても盛んなところだ。

また同じように「工業関係」のメモを並べると、「北九州地区」と「筑後地区」が多いことが分かる【図9下】。しかし、「筑後地区」はゴム製品や伝統工芸品であり、「北九州地区」は金属などの工業製品だ。そのような傾向を簡易グラフでつくることによって、量的にとらえさせることができる。

例えば、グループごとに集まり、自分たちでなんらかの視点に沿って貼り替える作業をさせると、子どもたちは、様々な視点でメモを集めようとした。これがとても大切である。

子どもたちは、情報の整理の仕方を自然と学習していることになった。もちろん、最初から分類の仕方がうまくいくわけではない。作業を繰り返す中で、だんだんと分け方が上手になった。

食料生産に関するもの

食料生産に関するメモだけを並べると、圧倒的に筑後地区が多いことが量的に分かる。

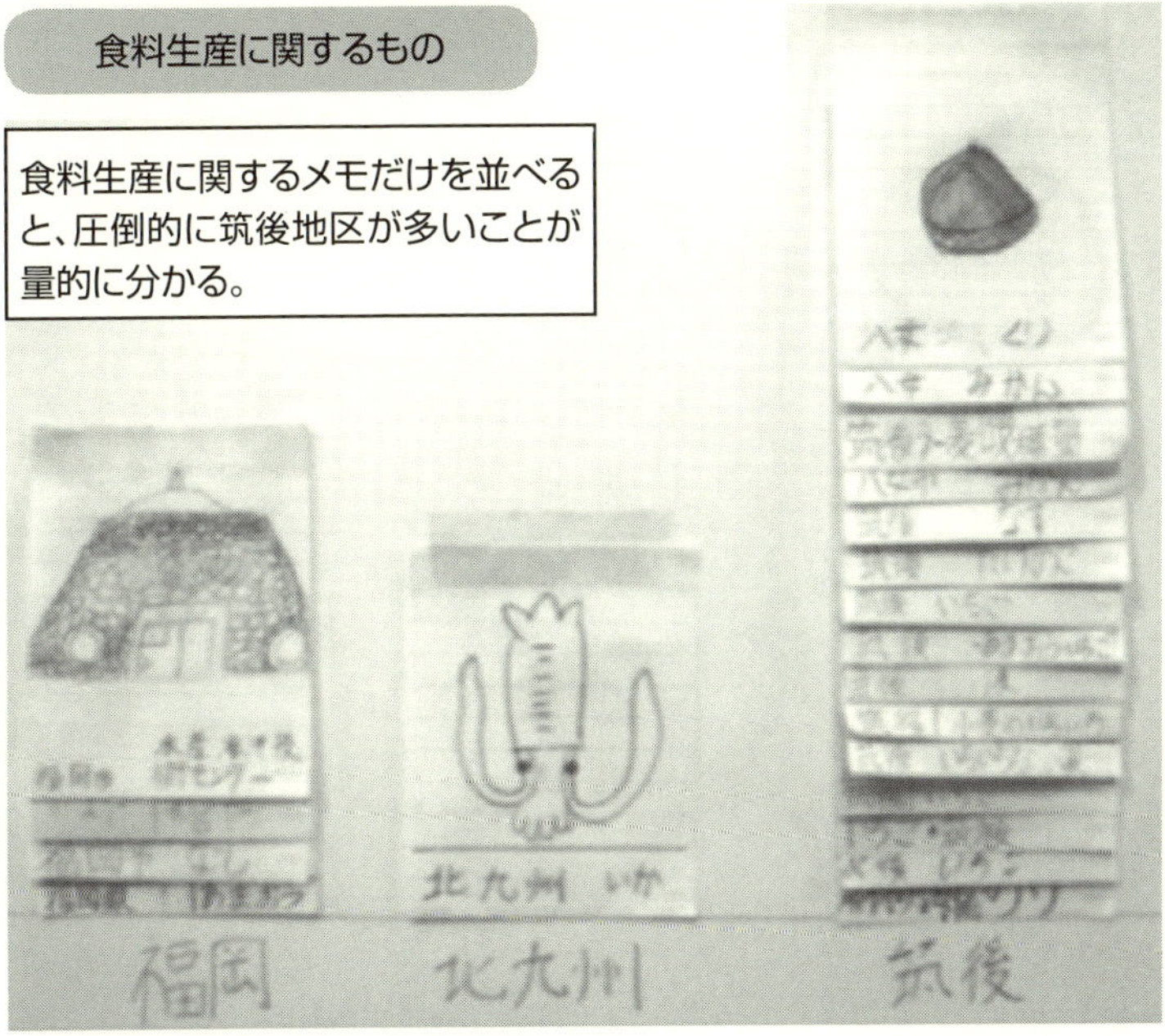

工業生産に関するもの

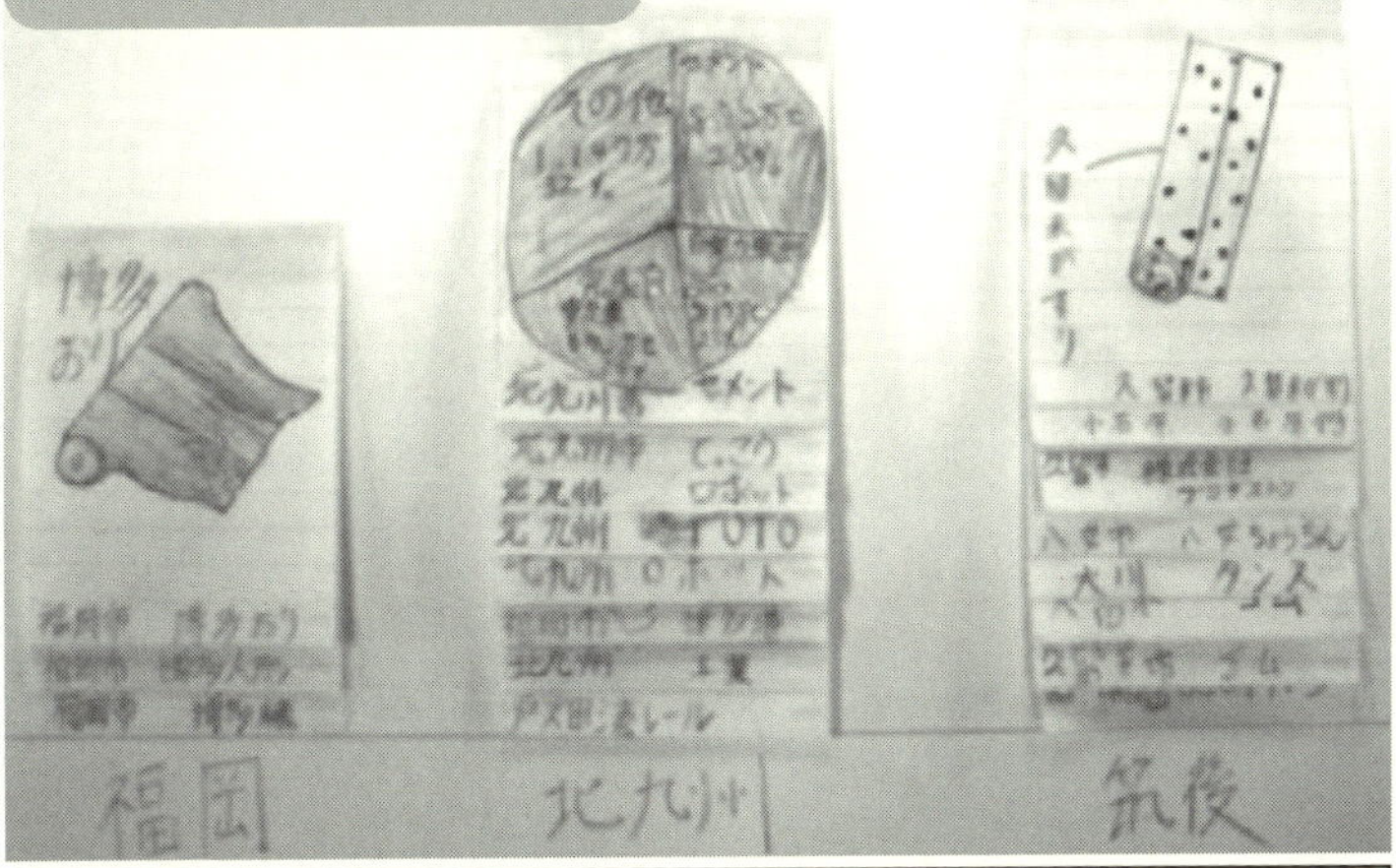

工業生産に関するメモだけを並べると、北九州地区と筑後地区が多いことが分かる。北九州地区はもともと金属やセメントなど、そして筑後地区は久留米絣などの伝統工芸品が多いことが分かった。

図9　TOSSメモを１つの観点で集めた簡易グラフ

最初は、あるグループは

「いちご」に関するメモ
「地図」に関するメモ
「食品」に関するメモ
「工業」に関するメモ

と分けていた【図10】。

何かおかしい。カテゴリーがずれている。子どもたち自身も、自分たちも分けてみてしっくりいかないことが分かった。「いちご」は「食品」に入るはずだ。だから、二つを分けることはおかしいと、グループ内で意見が出た。そのあと、改めてメモを分け始めた。

このようなことを繰り返していく中で、次第に上手にいくつかのカテゴリーに分けることができたグループがいたので、それをほかの子にも知らせた。

あるグループでは、まず、「食料生産」に関するメモだけを集めた。そして、さらにそれを地区別に貼ったのである。すると、地区ごとの食料生産の傾向が分かることに気づいた。このようにしながら、だんだんと上手にカテゴリー別に分けることができるようになった。

ちなみに、福岡県は次のようなエリアに分かれている【図11】。

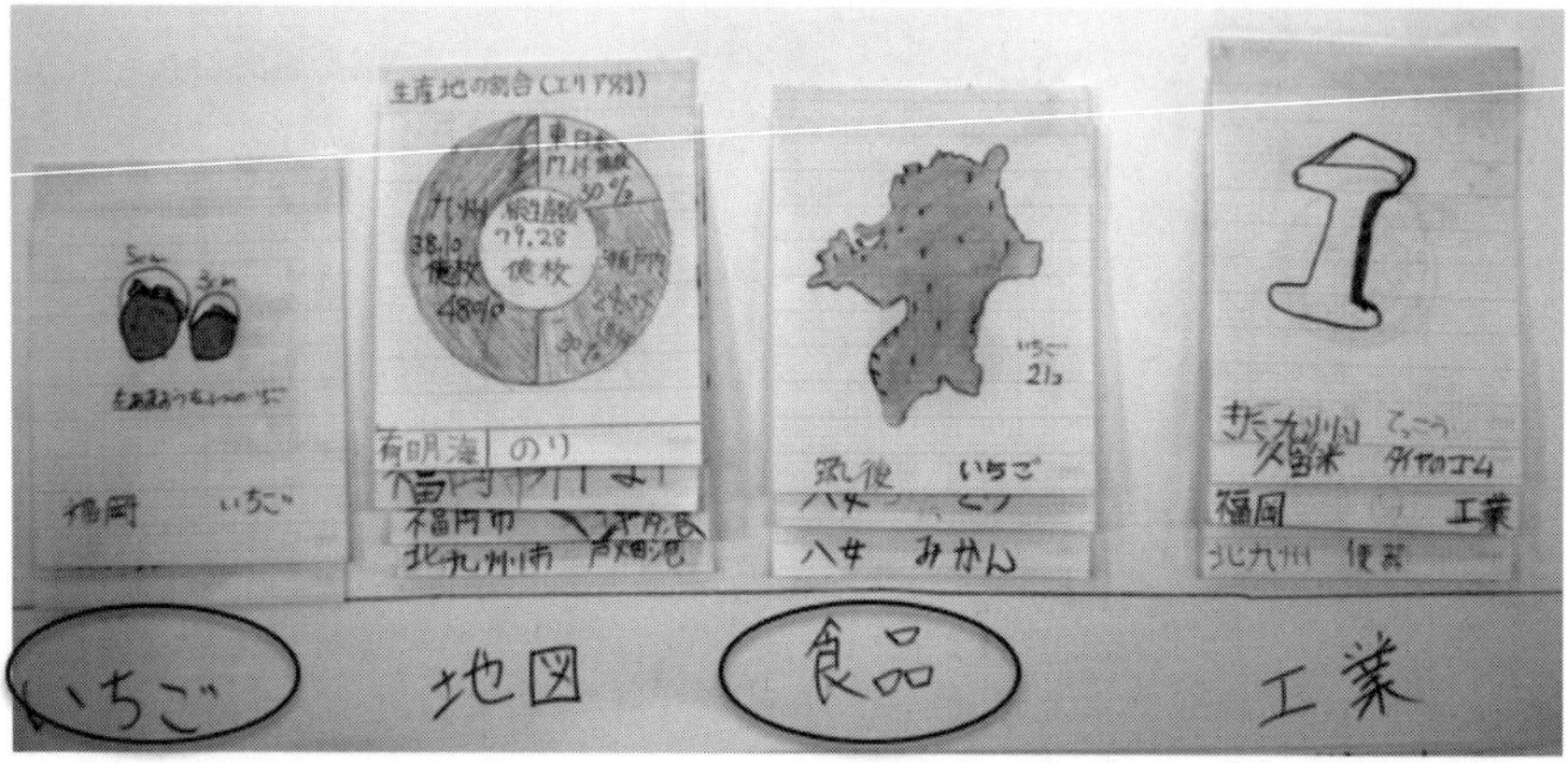

図10　カテゴリーがずれている分け方。初めはこのような分け方であったが、次第に自分たちで上手に分けることができるようになった

福岡地区……商業エリア　アジアの玄関口として福岡空港や博多港に外国からの観光客や輸入品が集まる。
北九州地区……工業エリア　古くから工業地帯として発展した。
筑後地区……農業エリア　筑紫平野や筑後川など自然条件に恵まれ農作物の生産が盛んである。

これでそれぞれの地区の特色に気づくことができる。そのあと、自分たちでメモを並べて、気づいたことをノートに書かせた。それぞれの地区ごとにどのような特色があるかということについて、多くの気づきが書かれていた。

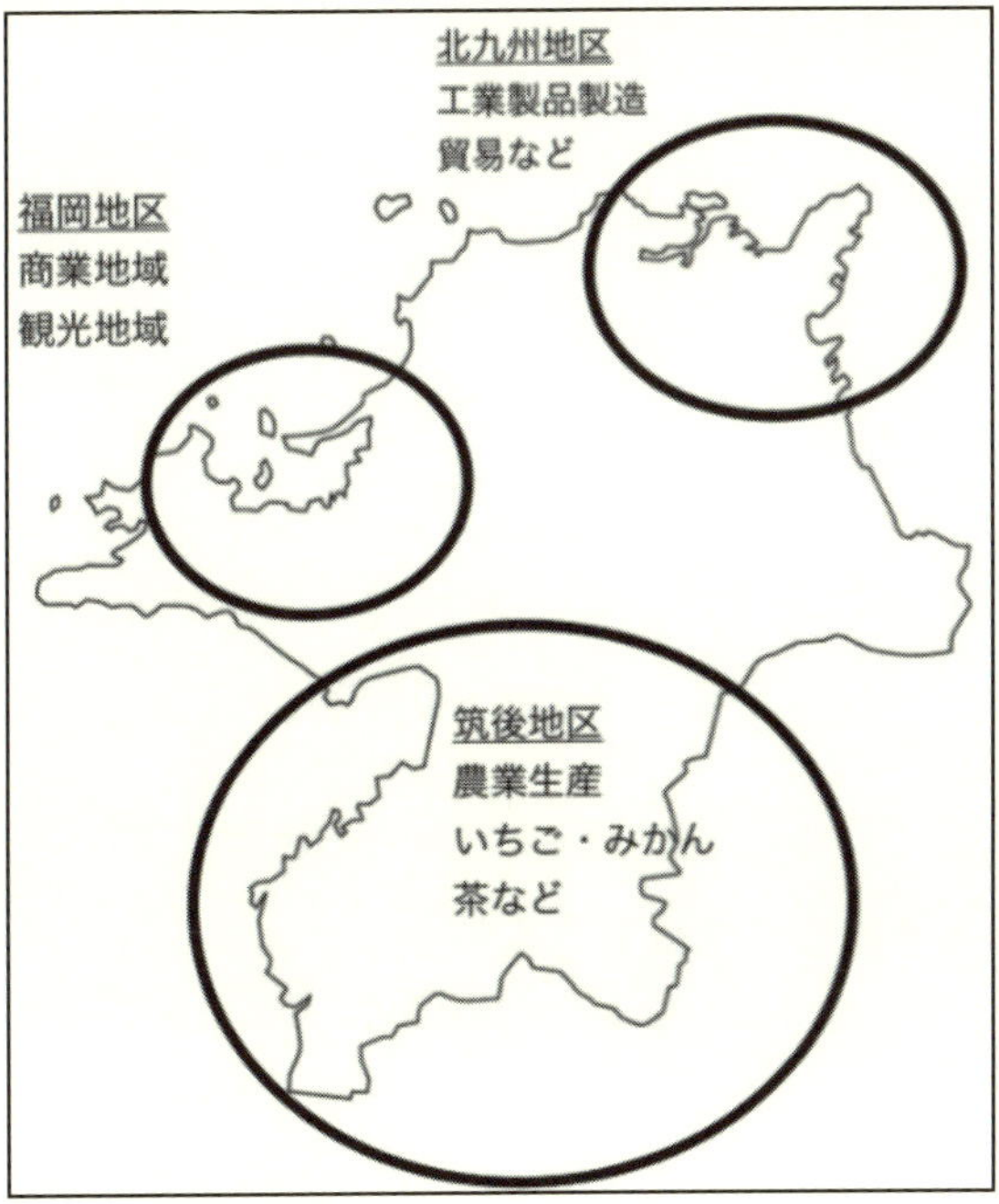

図11　福岡県の生産エリア

5 TOSSメモと白地図

さらに、これを白地図の上に載せてみる。地図と関連させて学習をさせることは極めて大切である。実際に地図帳を見て、それがどこにあるのか、そして、その周辺にはどのようなものやことが関係しているのかを考えさせた。すると生産物と「地形」や「自然環境」とのつながりが分かる。

例えば、筑後地区では、「八女市の玉露」「うきは市の柿」「広川町のみかん」などが有名である。

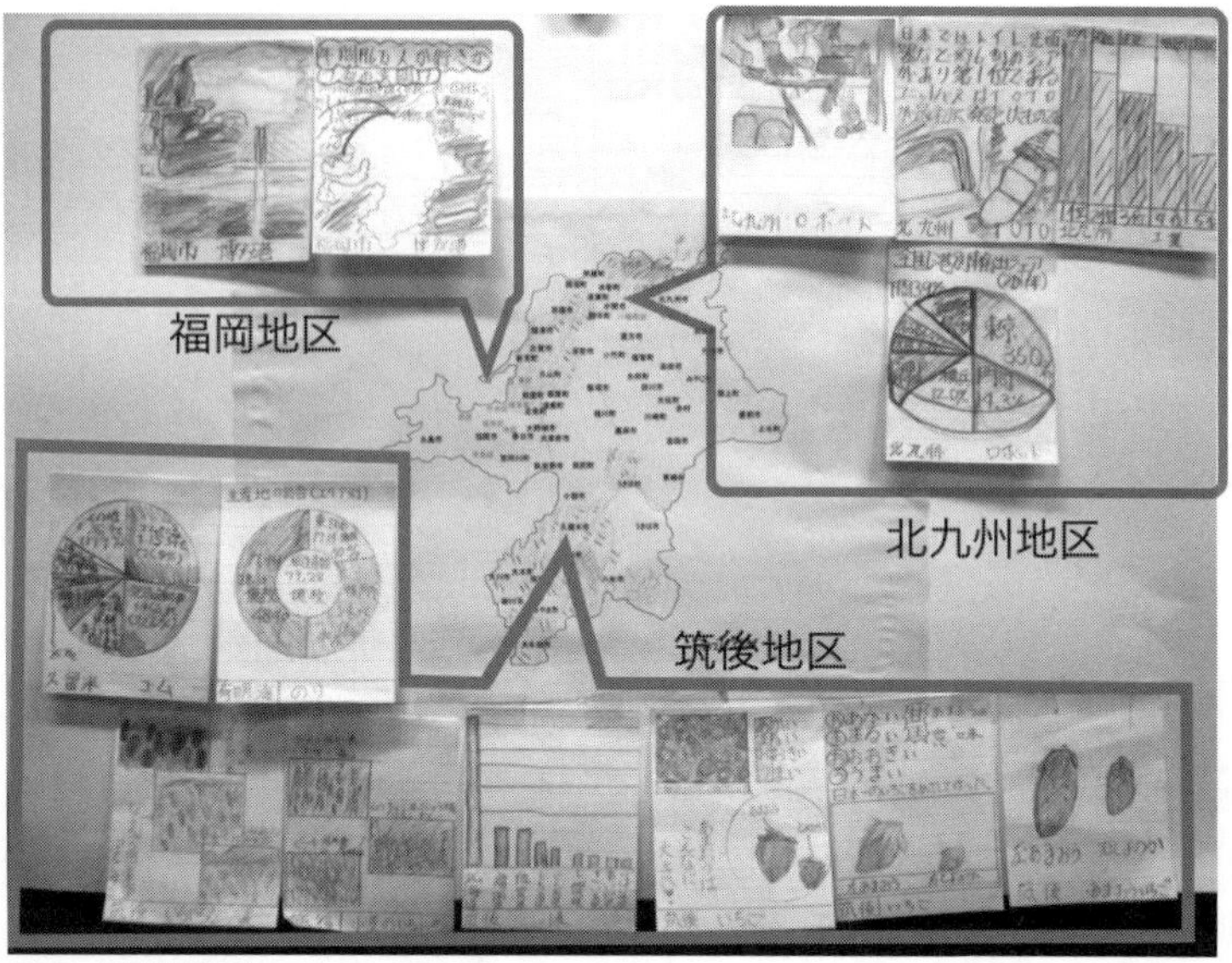

図12　白地図に貼ったTOSSメモ

県内の白地図にそのメモを貼り、関係のある市町村と結ばせた。すると、そこには筑紫平野や、筑後川が流れていることが分かった。つまり、豊かな自然条件を生かして農産物がつくられていることが見て分かるのだ【図12】。

第４章

ＴＯＳＳメモと歴史学習

1　歴史学習におけるTOSSメモの活用法

1 TOSSメモの優れた機能とは

TOSSメモを使う時に大切なことは、メモ用紙一枚につき一つの事柄に関する情報を書かせることだ。例えば、聖徳太子の十七条の憲法ならば、十七条の憲法のことだけを書かせる。それ以外は書かせない。なぜ、一枚につき一つの事柄がよいのか。

TOSSメモの重要な機能の一つに「検索機能」がある。

膨大な情報の中から自分が必要とする情報を選び出すためには、その一枚の内容を言い表す「キーワード」を一番下の行に書く。すると、そのキーワードさえ見れば、いちいちメモは見なくてもよい。すると、雑多な情報の中から、すぐに目的の情報を選び出すことができる。これはあとで整理する時に「検索」の役割を果たすことになる。もし一枚に様々な情報を書き込んでしまうと、この「検索機能」を十分に果たすことができない。だから、メモ用紙一枚につき一つの事柄だけを書き込ませるのだ。さらにTOSSメモでは

「情報の貼り替え」

ができる。これはとても重要なことである。単なる情報のストックならばメモを使わせる必要もない。ノートにず

らずらっと自分が調べたことを時系列に書かせていけばよい。それだと情報は貯まる一方で整理されない。

むしろそれよりも大切なことは、情報や知識の「結合のさせ方」である。知識とは単に新しい情報を知ったことをいうのではない。むしろ、今までに持っていた知識や情報が新しい結合をした時にこそ、「知識を得た」というのである。

2 情勢の整理とは「分けること」

情報を整理することの第一義はその情報を

「分ける」こと

にある。「分ける」時に人は思考を始める。分けるための基準を明確にしなければならないからだ。分けるために一つ一つの事柄の要素を分析しなければならないからだ。分けるということ以外にも、ランキングを付けさせるということもある。第一位・第二位を決めるのだ。あるいは最も最重要なものを選ぶこともある。いずれにせよ、何かの基準で並べ替えることが、情報の整理であることは間違いない。

3 ブレーンストーミング

その分け方は多く場合、友だちと比べた時に微妙に違うことが多い。当然、そこに話し合いが生まれる。いわゆる「ブーンストーミング」である。ブレーンストーミングにおいてはＫＪ法で有名な、前述の川喜田二郎氏が四つのルールを示している。

> **①批判を禁ずる**
> **②量を求める**
> **③自由奔放**
> **④結合**
>
> これは小集団では話し合いにおける配慮事項となる。この四つをルールとして守らせるだけでも小集団におけるブレーンストーミングは活性化するに違いない。
>
> 川喜田二郎『続・発想法』

①批判を禁ずる

反論はなしだ。討論ではない。情報の出し合いである。これが討論とブレーンストーミングの最大の違いである。つまり、論理性はないということである。思いつきである以上、感覚的なものである。しかし、それが大切だと川喜田氏が言っている。

> **問題は感ずるものである。**
>
> 川喜田二郎『続・発想法』

論理的な思考の前に「感覚的なひらめき」があるはずである。いわゆる直感のようなものである。ブレーンストーミングがねらっているのは、そのことである。

したがって、ブレーンストーミングでは、ノートに理由を書かせたり、反論や反証を書かせたりすることは、一切必要ないということだ。むしろ感覚的な「ひらめき」が必要だ。思いつくままに頭の中にあるものを出させることが大切である。

②量を求める

とにかく話させる。互いに思いついたことをどんどん言えるように話した量を求める。質ではなく量である。質を求めてはいけない。量が増えることにより質は自然と向上していく。

③自由奔放

頭が解放された状態である。したがって、意味のない発言が続いているようであるが、実は、その段階が必要なのである。自由奔放に言わせることが大切である。あまり教師が介入しないほうがいい。どれくらい介入しないほうがいいかと言うと、一〇〇パーセント介入しないほうがいい。

④結合

ひらめきがひらめきを呼ぶ。発想が発想を呼ぶ。その状態を「結合」という。ブレーンストーミングが目指すのはこの状態である。この状態をつくるためには、

常にほかの誰かと話をしている状態

にしておいたほうがいい。教師の長いお説教なども必要ない。そんなことをするくらいならば、子どもたち同士で話させたほうがよい。特に高学年は、このようなブレーンストーミングの状態にすぐ移行できるならば、授業は大

きく活性化するに違いないし、それを支える「多くのひらめき」が出てくるに違いない。

お互いに並べ替えたメモを見ながら話し合わせると視覚的にも分かりやすい。聴覚だけの情報ではなく、視覚からの情報があることは、視覚優位の子にとってはありがたいことなのだ。このような手立てをとることによって、最終的には討論へと発展することになる。

4 TOSSメモを使った授業の流れとは

整理すると、次のようになる。

①メモに自分が調べたことを一枚一項目で書かせる。
②調べたことを何かの観点で分ける、あるいは並べ替えをさせる。
③なぜそのように分けたのか、あるいは並べたのかを考えさせる。
④友だちと分け方、あるいは並べ方を比較する。
⑤そのズレがある場合は話し合って修正する、あるいは討論をする。
⑥話し合ったことやそのあとに自分が考えたことを整理する。

③と⑥は文章に書かせたほうがよい。
私は、並べ替えたメモをもとに自分の考えをつくったり話したりしたあとは、必ず文章で自分の考えを書かせるようにしている。この方法を習得できれば多くの単元で同様のやり方で学習を進めることができる。あとは、何の観点で分けるのか、あるいは順番を決めるのかを考えればよい。これは、教師が授業の中で「発問」として考えな

ければならない。多くの発問が考えられるだろう。

例えば歴史単元ならば

「戦国時代を代表する武将を一人選びなさい。」

「徳川一族のねらい」における「江戸幕府が行ったことで最も重要な政策を選びなさい。」

などのような向山型歴史学習の問いがそのままそっくり有効となる。

5 向山型歴史学習

向山型歴史学習は、

情報のストック⬇整理（並べ替え）⬇最も重要なものを決める。

というシンプルな思考を繰り返している。その中で、子どもたちは自分で調べ、情報を整理し、自分の考えをつくる術を習得していくのである。

したがって、授業での教師の説明や指示は、通常の授業に比べ、極端に減っていく。私の実感によれば、最後は、指示を出さなくても子どもたちだけで調べ、討論までできるようになる。これこそが「調べ学習のシステム」である。

そのシステムづくりに欠かせないのがＴＯＳＳメモとＴＯＳＳノートを使った情報の収集、そして整理なのだ。

2　六年生「三人の武将」の追試

1 歴史学習のねらいとは

向山実践の中でも有名な実践である「三人の武将」を、TOSSメモを使って追試した。この実践は次のような展開で行われた。

①前の時代の特徴を言う（書く）　例　御恩・奉公
②この時代の特徴を言う　例　下克上
③この時代を代表する人を一人選ぶ　例　信長
④この人がやったことをグループごとに調べる。印刷製本する
⑤この人はどのように生きようとしたか言う
⑥前項を証明する出来事を五つ選ぶ
⑦上記のことをプリントに書く
⑧五つのことを「カード化」して、グループごとにまとめる。
⑨まとめたことをノートに書く
⑩発表して検討する

小学校における歴史学習のねらいは

子どもたちにその時代の「時代像」をつかませる

ことである。奈良時代ならば「天皇中心の国づくり」である。鎌倉時代ならば「御恩と奉公の武士の世の中」である。また戦国時代ならば「下克上の世の中」ということになるだろう。向山実践では、最初にその時代像を考えさせている。それが「下克上」である。戦国時代は「下克上」という関係の中で武士たちが争いをしていた時代である。

さらにそのことを端的に表している歴史人物を選ばせている。さらにその歴史人物のエピソードの中で大切なものを選ばせている。

時代のキーワード⬇それを表す歴史人物⬇どのように生きようとしたか⬇それを表すエピソード、というように膨大な情報の中から、時代像にせまるための情報を選ばせていることが分かる。

蓄積した情報を整理させる発問の原則は
ナンバーワンを問うことである。
子どもたちは、一番を見つけるために集めた情報に序列をつける。

河田孝文『授業技量提言集３――勉強嫌いな子も熱中する楽しい社会科授業づくりの道筋』

2　膨大な情報

この授業で最も大切なことは、「内部情報の蓄積」であり、その処理である。考えてみていただきたい。織田信長だけでも数多くのエピソードがある。それに豊臣秀吉、そして徳川家康など名だたる武将のエピソードが加わるのである。丹念に一人一人を学習していたのでは、時間が足りなくなる。ちなみに私の勤務校では単元計画はたったの七時間しかない。私は、六年生を受け持つたびに追試をしたが、最後の討論まで行き着かないことがあった。調べ学習の途中で終わってしまうのだ。私には、あれだけの大量の情報をどのようにして子どもたちがてきぱきと整理しながら、自分たちの考えをつくっていったのか、分からなかった。子どもたちがもっと大量の情報をスピーディーに整理しながら、自分の考えをつくるような単元計画を立てなければならないと考えていた。子どもたちが自分たちで情報を集め整理し、友だちと意見を交流し、さらには討論まで持っていく。

そのためには、

教師の出番は極力ないほうがいい。

子どもたちが調べたことを書いて、それを友だちに話し、またそのことをノートに書く、というようなイメージが浮かんだ。つまり

子どもたちが自分たち自身で活動し続ける

という状況が必要となる。

３　TOSSメモと年表づくり

一時限目では、戦国時代の特徴を短く書かせた。教科書と資料集を読ませたあと

戦国時代とはどんな時代ですか。一言で書きなさい。

と指示をした。ノートに書けた子から黒板に書かせた。そして端から読ませていった。飛鳥・奈良時代も同様に一言でまとめさせていたので、比較的簡単にまとめることができた。戦国時代は

「下克上」である。

二時限目では、戦国時代の大まかな年表をつくらせようと思った。歴史学習では、やはり年表が一番大切な資料である。直感的に、ＴＯＳＳメモを使うのならばここだろうと思った。

ＴＯＳＳメモ＋年表＋調べ学習

という組み合わせで新しい使い方はないかと考えた。

4 検索可能トピック分類貯蓄法

そこで目にとまったのが、小嶋悠紀先生の

「検索可能トピック分類貯蓄法」

である。これは、メモの一番下に一行程度、そのメモの小さなトピックを書き出しておく。それを重ねて下を一行程度出しておけば、何枚ものメモを貼り付けることができる。しかも、トピックが書いてあるので、すぐに自分が調べたい情報を見ることができる【図1】。まさに、

圧倒的な情報量とその整理と検索が可能になる方法

である。私も自分の仕事術としてこの使い方を利用させていただいていた。これだと見開き二ページに八つのトピックをつくることができた。これを年表づくりにも応用できないかと考えた。

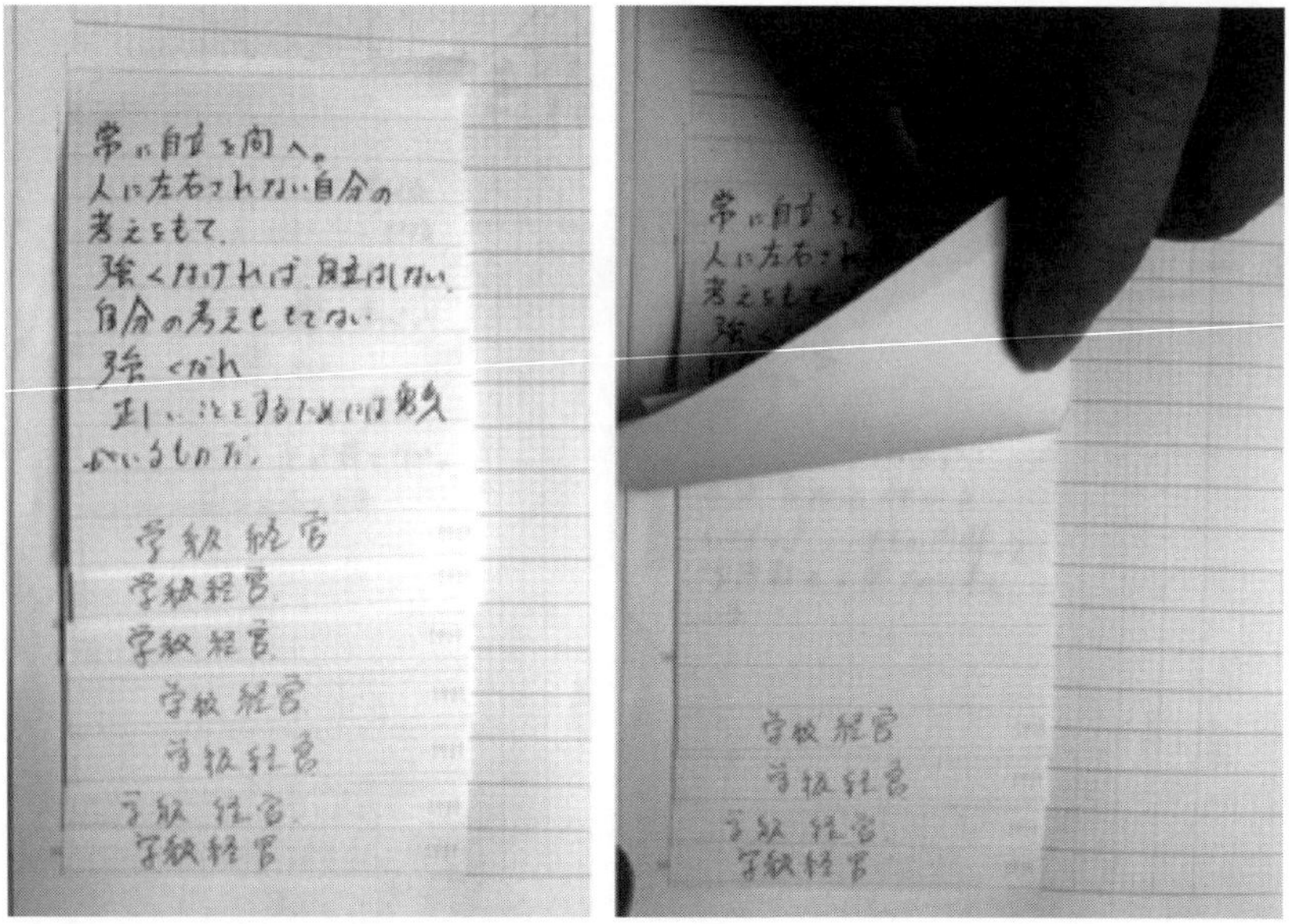

図1　検索可能トピック分類貯蓄法

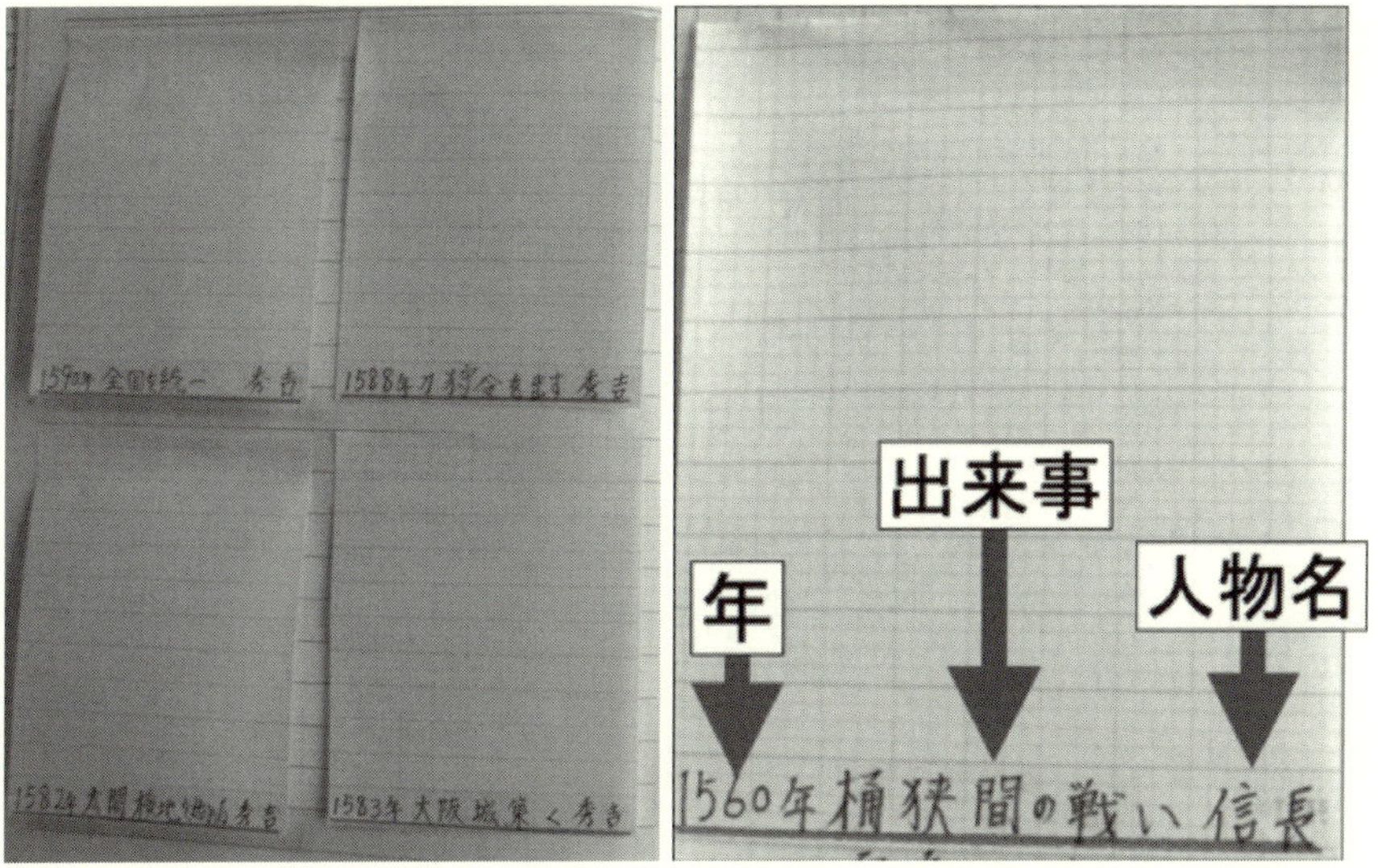

図2　TOSSメモには、年・出来事・人物名だけを書かせる

5 立体的年表

次のような書き方を子どもたちに指導した。まず、ＴＯＳＳメモを一人に一冊ずつ渡した。次に、教科書を見て自分の選んだ武将について調べたいことを決めさせた。その際に、ＴＯＳＳメモの一番下の行に

「年」「出来事」「人物名」

だけを書かせた。さらに目立つように赤鉛筆で線を引かせた。あとは、何も書かせない。とりあえず、このようなメモを何枚も書かせて、それをノートに貼らせた【図２】。

これだけならば、どんな子でも取り組むことができるはずである。子どもたちは予想通り、教科書や資料集の年表を見ながら、メモを何枚も書き続けた。これをノートに広げて貼らせてみた。しかし、これだけでは、何も見えない。

そこで、これを一行ずつずらして時系列で重ねて貼らせると、たちまち「年表」ができた。しかも、ただの年表ではない。めくれば、そこに自由に書き込みができる年表である。

自分の調べたことや考えたことなどをどんどん書き込めるのだ【図3】。

子どもたちは、さっそく資料集や教科書を見ながら、調べたことを書き込んでいった【図4上】。さらに、この年表は自分でトピックをどんどん増やすことができる。調べれば調べるほど枚数が増える。これも子どもたちにとっては楽しみである。これを「立体的年表」と名付けた。

6 自由に並べ替えさせる

TOSSメモのよさは自由に並べ替えることができることだ。並べ替えさせることで新しい発想や考えが生まれる。並べ替えるには、それなりのつながりや関係を考えなければならない。年表だから時系列に並べるという発想を変えれば様々な見方が生まれるに違いないと思った。そこで、

この年表を自由に並べ替えなさい。

と指示をした。しばらくの間、子どもたちはどのように並べ替えるのか分からない感じではあったが、しばらくすると、あれやこれやと並べ替え始めた。

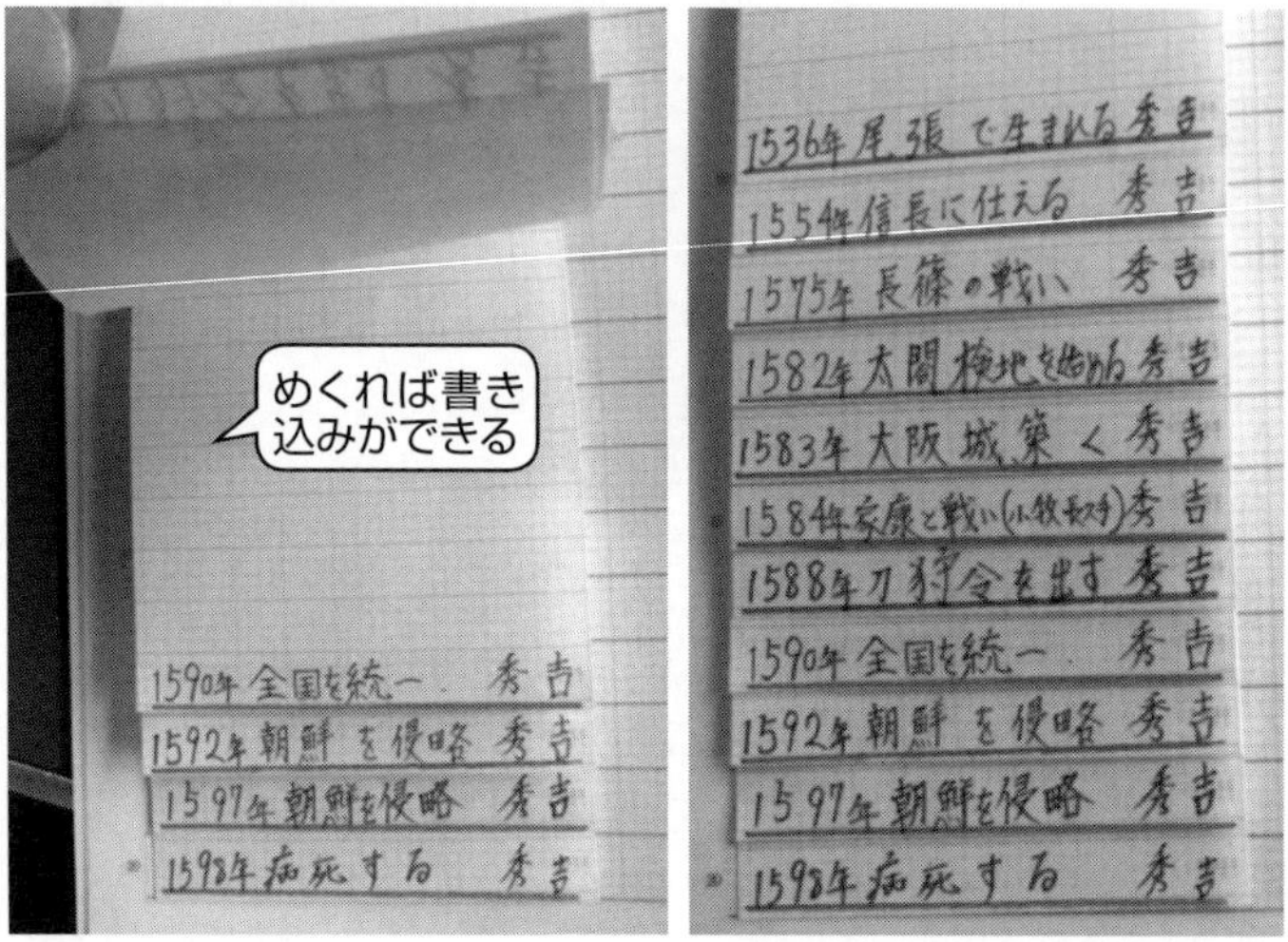

図3　立体的年表

7 合体年表

そのうち、数人のグループをつくって並べ替えようとする子たちが出てきた。「信長」を選んだ子、「秀吉」を選んだ子、そして「家康」を選んだ子が三人組をつくり、自分たちのメモを合体させた。つまり三人の武将の連続した年表をつくろうとした。ただし、これだとノートには貼りきれなくなる。そこで、子どもたちはメモを窓に貼り始めた【図４下】。

最初は何をしているのかと思ったが、考えてみれば、子どもたちの考えのほうが理にかなっている。私は、ＴＯＳＳメモはノートに貼るものとばかり思っていた。しかし、子どもたちはそれを窓に貼ったのだ。何人かのグループで話し合うならば、そのほうが見やすく、お互いの意見も言いやすい。これ以降、私は

ＴＯＳＳメモをどこでも自由に貼ってよい。

と指示をした。すると窓や壁に貼って話し合う子たちも現れた。数人が集まり、並べ替えるという作業をさせると、自然と話し合いが発生した。話し合うこと自体が内部情報の蓄積である。当然、窓にいつまでも貼っているわけには

立体的年表だと情報を調べながら書き込むことができる。
子どもたちはノートに入りきれないTOSSメモを窓に貼り始めた。

図4　TOSSメモを使った調べ学習をする子どもたち

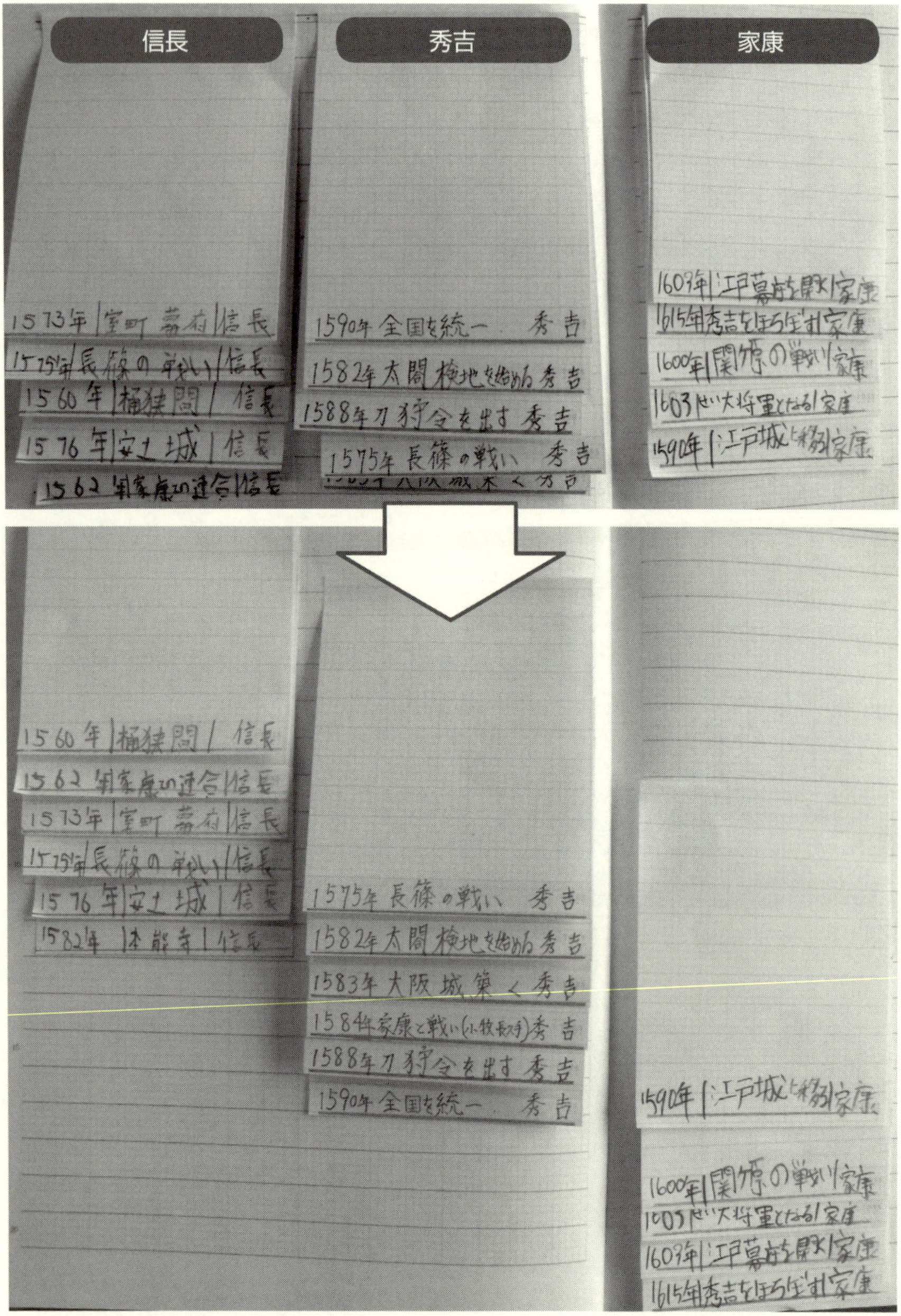

図5　合体年表。最初は、信長・秀吉・家康を並列に並べていたが、それぞれの年代を合わせて貼ると、世代がずれていたことが分かる。まさに信長が推し進めた天下統一を秀吉が後を継ぎ、家康が完成させたことが分かる。

いかないので、ノートに貼り替えることになる。

最初は信長・秀吉・家康をそれぞれ並列に並べていた。しかし、よく見れば、三人とも生まれた年代が異なる。あたかも三人が同世代にいたように思っていた子たちも、年表をずらしてみれば、そうではないことに気づいた。それをノートの上に見やすく貼っている子もいた。信長、秀吉、そして、家康の年表を時系列に比べて見ることができるように貼った【図５】。この年表を見て、初めて信長が一番早く生まれたことや、家康が一番長生きしたということを知った子たちもいた。

確かに三人の年表をこのように並べてみればそれは一目瞭然となる。天下統一までは信長、秀吉、そして家康がまるでバトンを渡すように受け継がれていったようにも感じる。のちに、「代表する武将は誰か。」と問うた時に、「一人には決めきれない。三人が協同して頑張ったから、天下統一は成し遂げられた」と言った子がいたが、そのような考えも、この年表をつくったからこそ生まれてきたのである。

8 逆さ年表

年表とは古いものから新しいものへと並べるものである、と考えがちである。しかし、逆に新しいものから古いものへと並べるという考えがあってもいい。これを「逆さ年表」と名付けた。

ある子は自分の並べた年表を反対から並べ直した【図６】。すると、ゴールした姿からその人物の一生をたどることができる。

秀吉は一五九〇年に全国統一をした。では、その原因となったことは何かという視点で下のほうにある出来事をたどることが

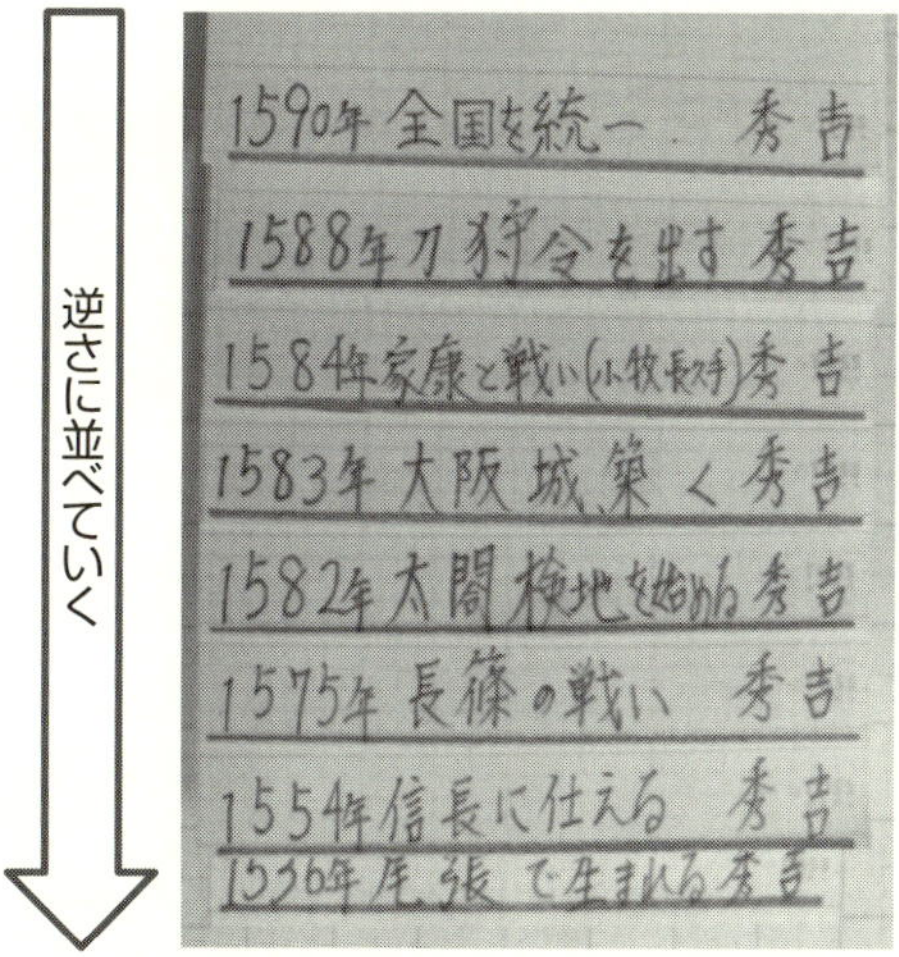

図6　逆さ年表

できる。何気ない子どもたちの考えであるが、実に奥が深い。

このように自由な発想を生み出すことができるのが、TOSSメモである。しかしそのためには、教師は、懐深く子どもたちの活動を見守らなければならない。

9 トピック年表

【図7】の年表をつくった子どもは何を意図していたのか、お分かりだろうか。ここにあるのは、すべて「戦い」に関するものばかりである。つまり、年表をつくったあとに、その中から「戦い」に関するものだけを抜き出したのである。ちなみに左は織田信長であり、右は徳川家康である。二人を比べてみると、圧倒的に信長が多いことが分かる。このようにある一つの事柄に関する出来事だけを集めた年表を「トピック年表」と名付けた。

10 新しい発想を生む土壌

「メモを窓に貼る」という行為は決して行儀のよいものではない。むしろ、

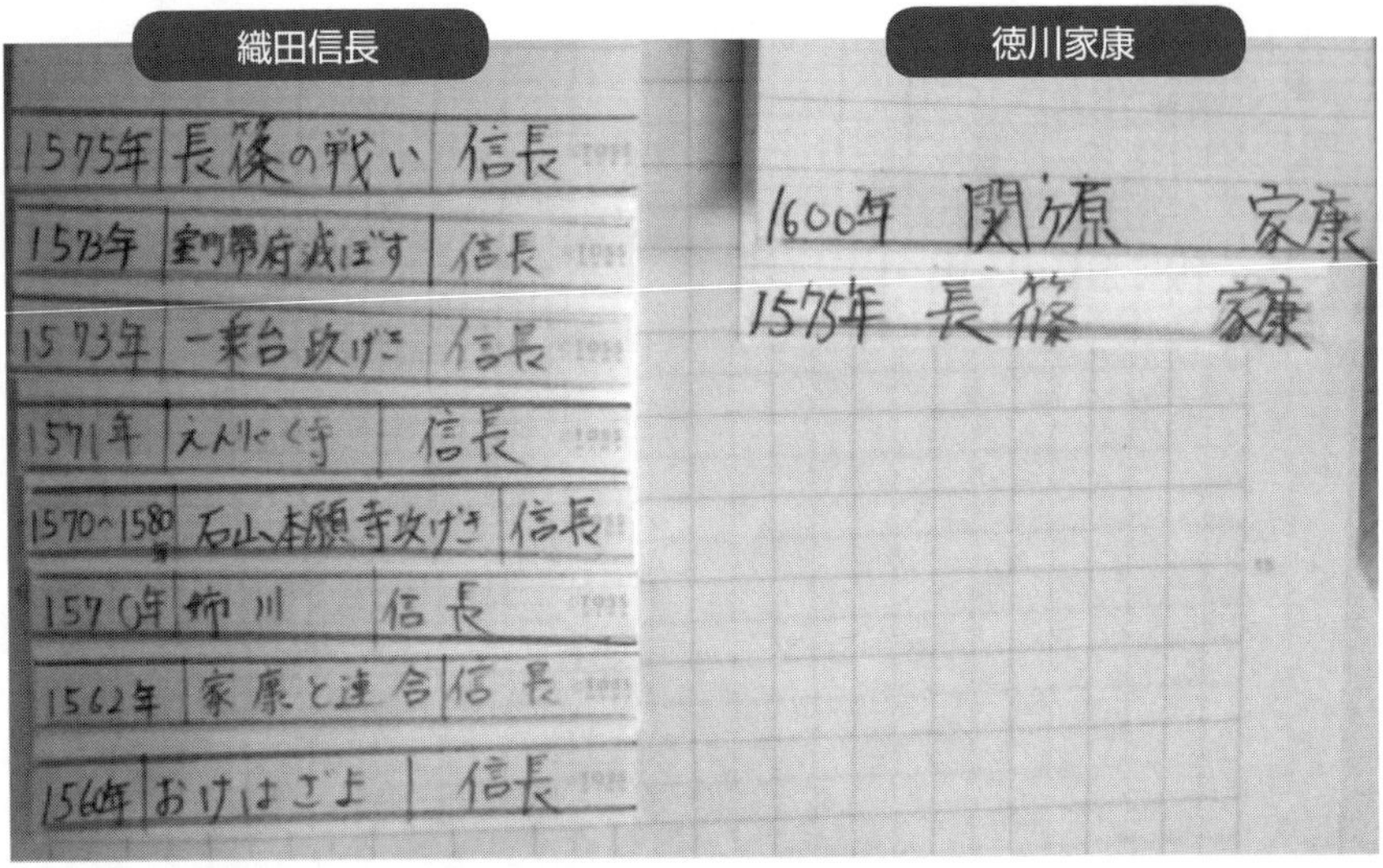

図7　一つの事柄のみに絞ったトピック年表

「そんなことはしてはいけません。ちゃんとノートに貼りなさい。」

と多くの教師は指導してしまうのではないだろうか。また、逆さ年表もただ単にひっくり返して貼っただけではないかと思うかもしれない。すると子どもたちも、「何だ。どうでもいいことなのか。」と思ってしまう。それでは、新しいアイディアなど出てくるはずもない。子どもたちが新しい発想をするためには、教師は、その価値を積極的に見いだし、そしてほめることが大切である。さらに、日頃からどんなつまらなそうに思える発想も認め、自由に考えを言える雰囲気をつくっておかなければならない。教師の意図したことしか子どもたちが言わないようなクラスであれば、いくらＴＯＳＳメモを使って考えさせても、幅の狭い発想しか出てこないだろう。それでは、授業の膨らみはない。ＴＯＳＳメモという優れたアイテムを使うためには、教師自身が子どもたちの新しい発想を受け入れる懐と、その価値を見いだすだけの教材研究が必要なのである。私は、子どもたちが新しい発想で年表を並べ替えてくると、それにその場で「命名」をした。

●時系列を逆にして並べる。（**逆年表**）
●三人の武将をすべてあわせて並べてみる。（**合体年表**）
●あることに関係するものだけを取り出して並べる。（**トピック年表**）

という具合である。命名をすることで、ほかの子と自分の考えとの違いを明確にすることができる。例えば山田君が考えたアイディアならば山田式と命名されるわけである。自分の名を冠する呼び方がなされるのであれば、子どもたちはそれを喜び、さらに新しい考えを出そうとする。これにならえば、佐藤さんがつくったオリジナル年表ならば、佐藤式○○年表という命名をすれば、さらに子どもたちが意欲的に年表を並べ替えただろうと、今では思っている。

11 この人がやったことをグループごとにまとめる

向山氏は授業において、そのあと、グループごとにまとめたものを印刷製本している。これは極めて大切なことである。なぜならば、冒頭にも述べたが、この単元の学習は膨大な量の情報を扱うのだ。情報の共有化が必要である。しかし、結構時間がかかる。グループごとにまとめるのが大変なのだ。私も以前やってみたが、全員分を印刷するのにもかなりの時間がかかる。しかし、TOSSメモならばすぐにできる。調べ学習の時間が終わったあと、わたしは、黒板にA3の紙を黒板に貼った。その紙には「長篠の合戦」「関ヶ原の合戦」「刀狩り」などの項目を書いておいた。そして、

調べた中から関係あるメモをそれぞれの項目の紙に貼りなさい。

と指示をした【図8】【図9】。

A3用紙ならば三×五＝十五枚のメモを貼ることができる。できた項目からすぐに印刷にかけた。すると、トピック別に整理されたメモ集がすぐに完成する。これだと子どもたちのノートから印刷することに比べれば、教師は印刷するのにほとんど手間がかからない。しかも、観点別に情報が集められているので、とても見やすい。子どもたちのノートを製本することに比べると、次の点において有効である。

①ある観点についてのクラス全員の情報を一枚の紙に集めることができる。

②調べたカードをそのまま必要な部分のみ貼ることができるので、手間がかからない。

図8　カテゴリー別に TOSS メモを貼る子どもたち。黒板にカテゴリー別の紙を貼るだけで、子どもたちは関係あるメモを貼り始めた。これならば、必要な情報だけをクラス全員からすぐに集めることができる。

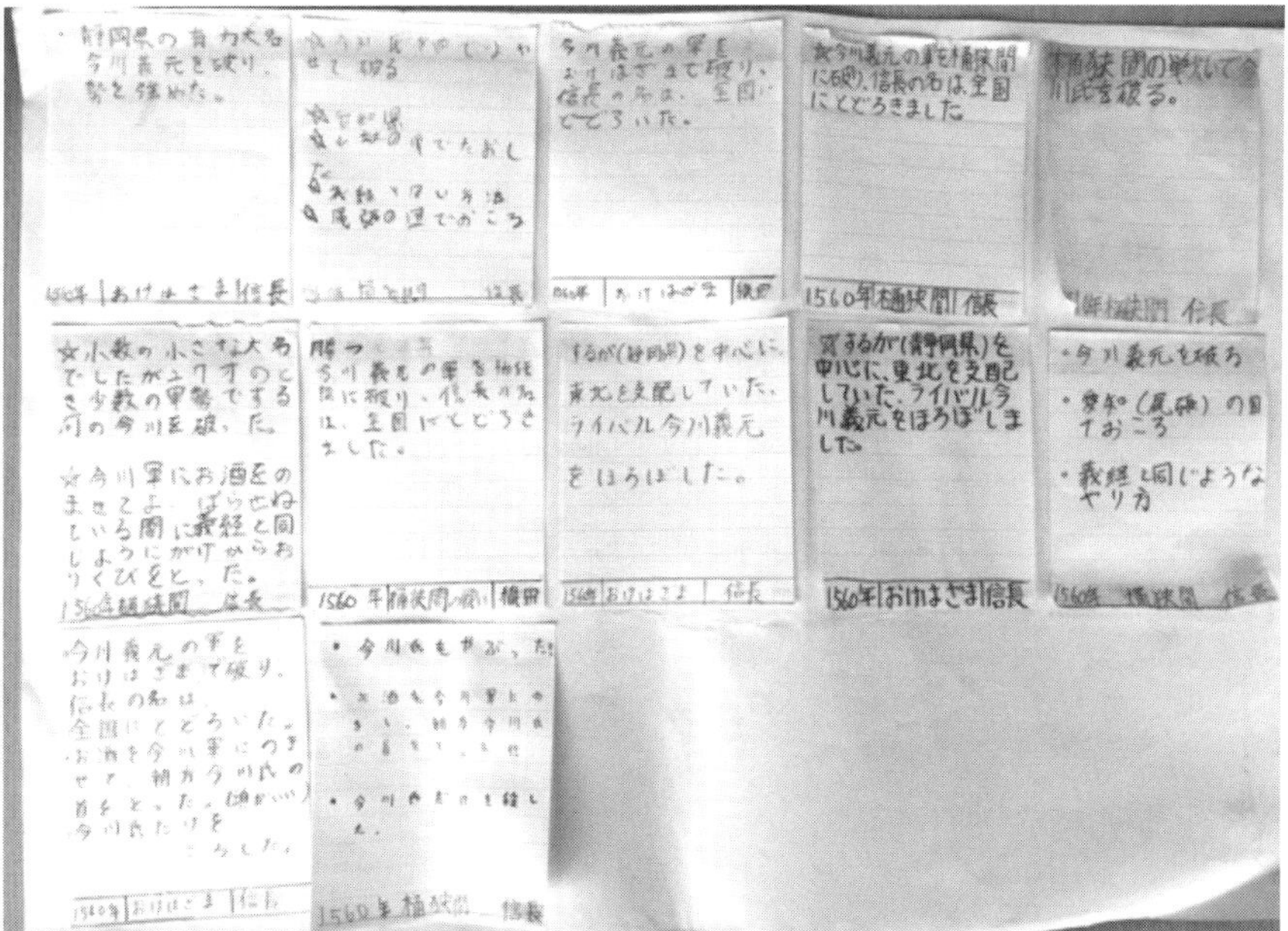

図9「桶狭間の戦い」というトピックで集めた TOSS メモ。このようなものがいくつかカテゴリー別にすぐにできる。あとは必要な分を印刷して配付した。

12 最も重要なエピソードは何か

調べたメモを机の上に並べさせた。縦三枚、横五枚で計十五枚は並べることができる。そして、

その中で最も重要と思うものを右上からNo.1、No.2……と置かせていった。

子どもたちは黙々と作業を進めていく。判断基準は子どもたちに任せた。直感でもいい。

「しっかり考えなさい。」

とか

「よく考えなさい。」

とかは言わないほうがいい。理屈はあとからいくらでも付けられる。直感でも山勘でもいいので、とりあえず自分の答えをつくることが必要なのだ。とりあえず自分の手を動かして作業をしてみることが必要なのだ。並べ替えるうちに考えが出てくる。だから、無理にでも動かさせてみた。考えができてから作業をするのではない。作業をするからこそ、考えつくのだ。だから難しいと思っている子にも、言葉は悪いが無理に動かさせた。次第に子どもたちは作業に熱中していった。子どもたちの並べたメモを見て、唸った【図10】。

情報量が多いものほど、上に集まる。
情報量が少ないものほど、下に集まる。

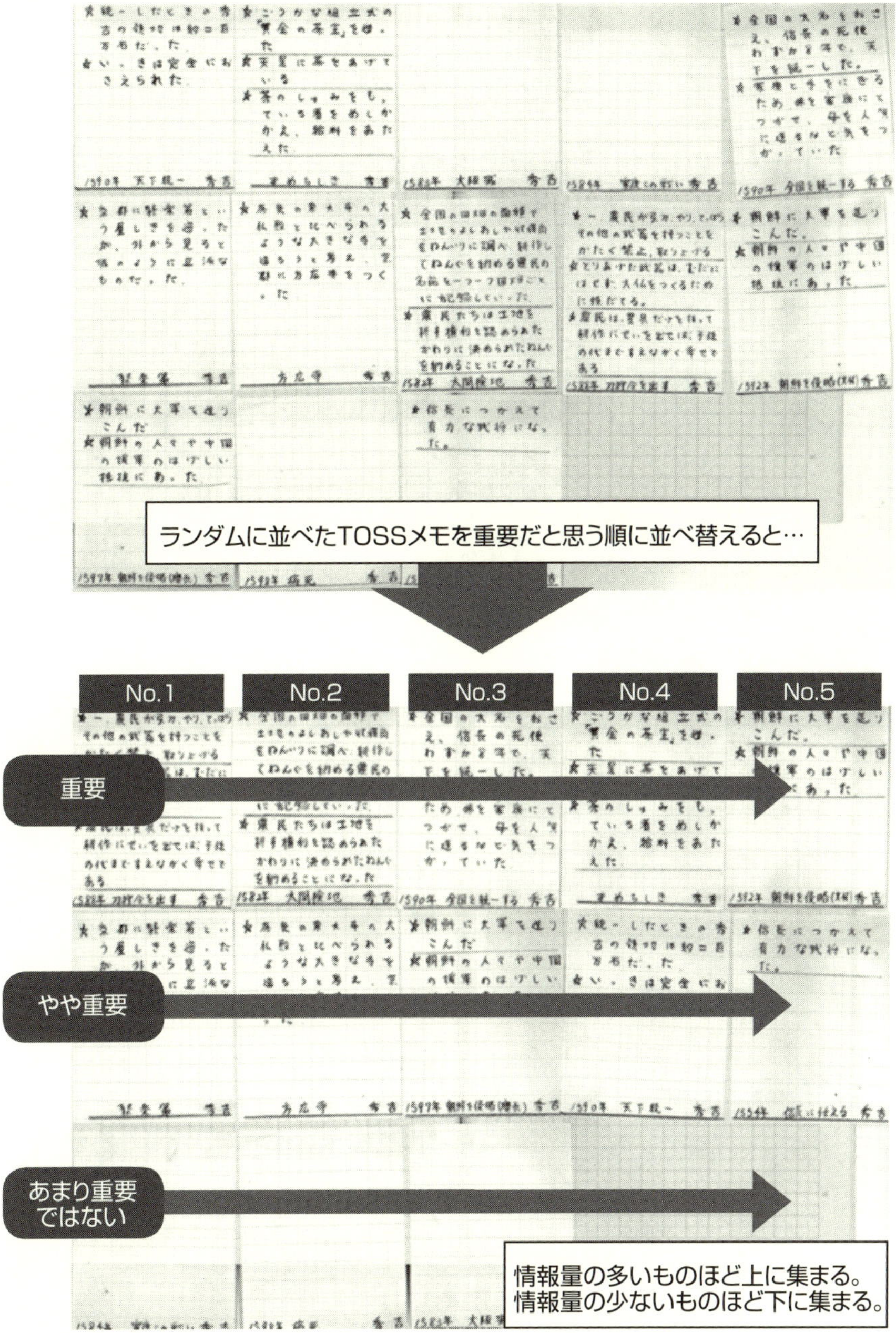

図10　TOSS メモを重要な順に並べ替える

これならば視覚的にも分かりやすい。そして、No.1からNo.5までを残して、あとはすべて前のページに戻した。これで、とりあえず自分の考えはできたわけである。

13 自分の考えを友だちと比べる

内部情報を貯めるには、情報のインプットだけではダメである。アウトプットが必要だ。さらにインプットとアウトプットを繰り返すことができればなおさらよい。最もよいのは、自分の思いついたことを数人のペアとどんどん話すことである。いわゆる「ブレーンストーミング」である。

先ほど選んだ重要な五つのエピソードを書いたメモを持って、三〜四人組をつくらせた。そして、机の上にその五つのメモを並べさせた。並べ方はそれぞれ違う。すると、子どもたちは勝手に話し合いを始めた。こうしてみると、友だちとの意見の相違が一目瞭然である。

「えー、私と違う！」

「なんで、それなの！」

とあちこちで声が上がった。言葉で話し合うだけならば、友だちとの意見の違いは見つけづらいのかもしれない。しかし、メモを配置するだけで、相手との意見の違いがよく分かる。中には、自分たちで話し合い、順番を入れ替えている子もいた。それはそれで構わない。教師はあれこれ言わずに、子どもたちに話し合いを任せることである。

前述の通り、川喜田氏はブレーンストーミングにおいて四つのルールを示している。

> **①批判を禁ずる**
> **②量を求める**

③自由奔放
④結合

川喜田二郎『続・発想法』

この四つをルールとして守らせるだけでも、小集団におけるブレーンストーミングは活性化する。

子どもたちの話し合いが白熱するのは、No.1からNo.5までのどれを決める時か。私は、最初は当然のことながら、一番目だと思っていた。最も重要なものについて選ぶ時こそ、子どもたちは白熱すると思っていた。

確かに織田信長では、子どもたちの考えは一番目から五番目までバラバラであったので、子どもたちは一番目を決めることで話し合いを続けていた。しかし、豊臣秀吉の場合はほとんどの子が一番目は天下統一にしていた。それに続いて「検地」「刀狩り」が上位をしめた。ここら辺りはほとんどの子が変わらずであった。

しかし、四番目や五番目になると「聚落邸」や「朝鮮出兵」「大坂城築城」などが入ってくる。ここの辺りは一人一人がバラバラの意見になる。したがって、話し合いが白熱するのだ【図11】。

徳川家康も上位は「江戸幕府を開く」「征夷大将軍」「関ヶ原の合戦」でほぼ上位三つは決まってしまう。しかし、四番目や五番目になると「大坂夏の陣」「江戸城開城」「三河統一」「小さい頃人質」など一人一人がバラバラの意見になってしまう。ここで、話し合いが白熱していた。つまり一番目を決める時に白熱することもあるが、そうでないこともあるということだ。それは余りにも上位三つがすんなり決まってしまって、下位のほうで意見が分かれる時だ。これを見て、松藤司先生の言葉を思い出した。


三つならば多くの子は有名なエピソードを選ぶだろう。そうするとほとんど同じようなエピソードとなる。これを防ぐためにはやはり五つのエピソードがいい。

松藤司論文集2『向山型社会を究める』七四ページ

初めてこの文章の意味がよく分かった。向山実践において「五つのエピソードを選びなさい。」という「五つ」には大きな意味があったのだ。確かに子どもたちは三つだけならばすんなり決まって、話し合いをしなかったであろう。五つだったから下位二つを決めるために白熱した話し合いとなった。

このあと、子どもたちに今日の話し合いで考えたことをノートに書きなさいと言うと、見開き二ページに自分の考えをどんどん書いていった。まさに内部情報が貯まっていたという状況だった。

このあと、四十五分間の指名なし討論を行った。ほぼ途切れることなく子どもたちは討論をした。私は、この授業においてほとんど授業らしい授業をしていない。させたのは、子どもたちに調べて話し合うという活動を繰り返し繰り返し行わせたということである。

その時代を一言で言う（獲得させる概念）⬇それを証明する武将を一人選ぶ⬇その武将の重要なエピソードを選ぶ

この中で、子どもたちは常に判断をまとめられる状況になる。常にどれが重要か重要でないかの判断を迫られるからこそ、調べようとする。下克上という時代を言い表すキーワードに対して、子どもたちはその人物がどのように生きようとしたのかという仮説をつくる。それを証明するためのエピソードを調べる。歴史学習における仮説検証授業である。

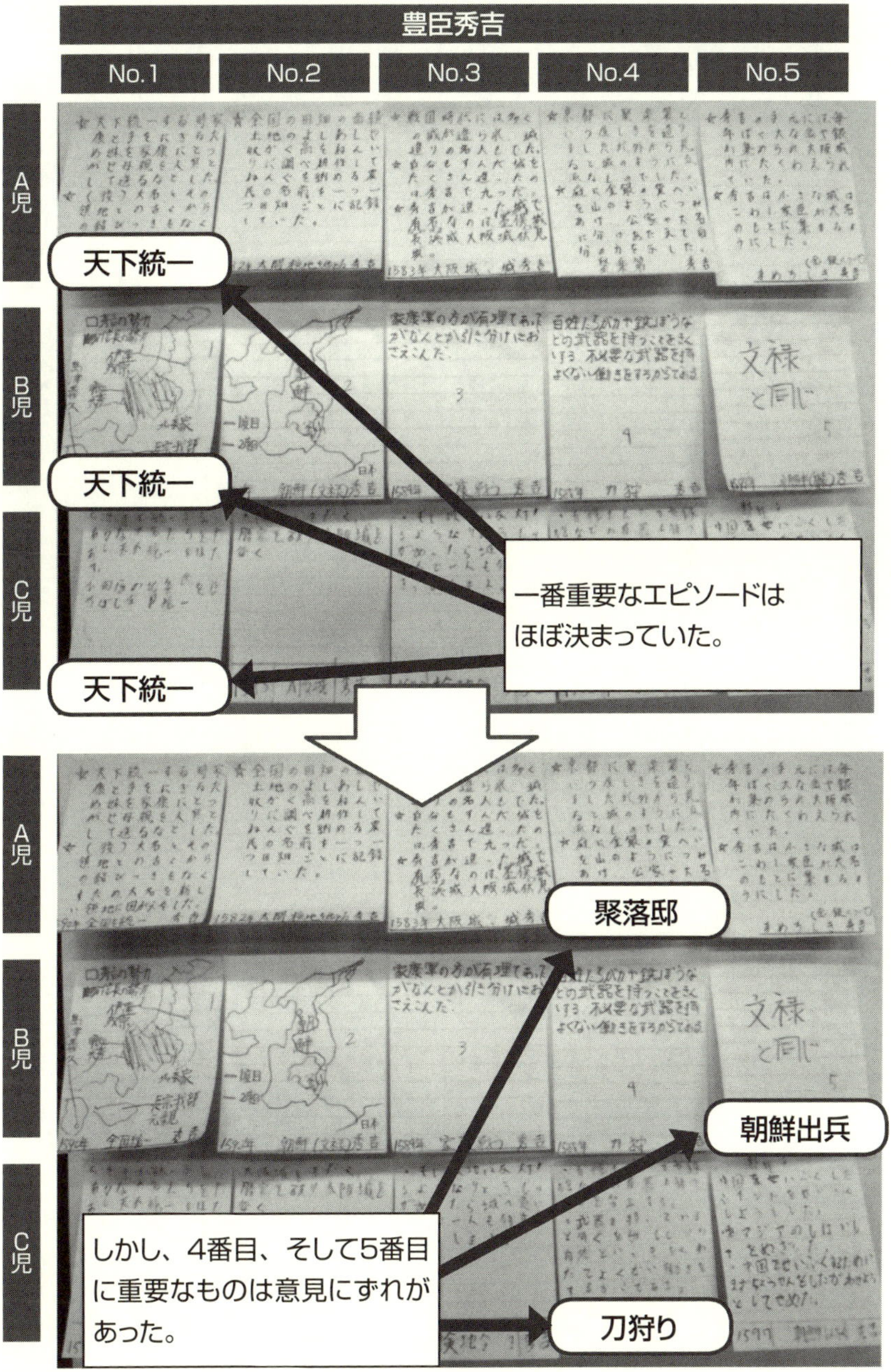

図11　4・5 番目に重要なことほど話し合いは白熱した

3 明治維新と富国強兵

1 中心人物は大久保利通

明治時代を学習する上で「大久保利通」を中心人物として選んだ。大久保利通は、新政府のスローガンである「富国強兵」を強硬に進めていった人物である。これほど時代を象徴している人物はいないと思う。そこで、次のような発問を考えた。

①明治時代とはどのような時代か、一言で言う。「富国強兵」
②なぜ大久保利通は「富国強兵」をスローガンとしたのか。
③そのために大久保利通はどのような政策を行ったのか。
④その政策とは「富国」に入るか「強兵」に入るか。
⑤当時の人たちにとって優先すべきは「富国」か「強兵」か。
⑥大久保利通の行った政策の中で最も重要なものは何か。

2 明治時代とはどのような時代か、キーワードを確定する

「富国強兵」には二つの概念が含まれている。一つは「富国」である。もう一つは「強兵」である。この二つは不二の関係であり、補完し合っている。「富国」にならなければ「強兵」もできないし、「強兵」がなければ「富国」にもならない。「富国」とは「経済力」と考えてもよい。そして「強兵」とは「軍備」である。欧米諸国からの植民地支配を逃れるためには、この二つを同時に、しかも早急に行わなければならなかった。大久保利通の行った

様々な政策が、「富国」と「強兵」のいずれに入るかという問いをたてることで、その政策のねらいや目的を子どもたちが考えるはずである。資料集と教科書で明治時代を概観させ、新政府の中で政策を進めた中心人物が大久保利通であることを伝えたあと、

この時代を表す最も大切なキーワードは何ですか。

と問い、資料集の中から選ばせた。すぐに「富国強兵」と答える子が多くいた。

「この言葉を二つに分けなさい。」

と言うと、すぐに「富国」と「強兵」に分けた。

「富国強兵とはどのような意味か。」

と聞くと、子どもたちは書かれている字からおおよそを推測した。調べさせる前には必ず自分で一度考えさせる習慣を付けるべきである。何も考えずに調べさせた時と、そうでない時とでは、知識として身につく量に差が出てくる。ちなみに辞書をひくと、

富国強兵

国を豊かにし兵力を増強すること。国の経済力・軍事力を高めること。

『大辞林』

とある。さらに

富国……①国の経済を豊かにすること。
②豊かな国。
強兵……①戦争に強い兵または軍隊。
②軍事力を増強すること。

『大辞林』

とある。強兵＝「軍事力」と富国＝「経済力」ということになる。

③ なぜ大久保利通は「富国強兵」をスローガンとしたのか

次に当時の新政府の中心人物が大久保利通であったことを伝え、

なぜ大久保利通は富国強兵を目指したのですか。

と問うた。この頃の時代背景をきちんと押さえさせておかねばならない。近代以降は欧米列強を中心とした諸外国との関係の上で、我が国の行った政策を論じさせなければ正しい理解はできない。

欧米列強に負けないために

という答えが返って来た。ここで高杉晋作のエピソードを紹介した。高杉晋作が上海に行った時に、イギリス人に使われる中国人を見る。アヘン戦争に負け、実質的な植民地支配を受けていた清を見て、植民地支配を受ければ、日本もやがてあのようになってしまうのではないかと危惧を抱かざるを得なかったことが述べられている。当時の時代状況はそのようなものであった。

そして、日本は軍事力・経済力において欧米列強よりも弱い立場にあったことを話した。このことを通して子どもたちは何よりも当時の日本にとっては強く豊かな国づくりが最も重要な政策であったことを理解した。

4 そのために大久保利通はどのような政策を行ったのか

次に、年表や資料集などを見て、大久保利通ら新政府はどのような政策を行ったのかを調べさせた。「版籍奉還」「廃藩置県」「四民平等」「徴兵令」「地租改正」「学制」など次々と出て来た。いつものようにメモの最下段に年・キーワードを書かせ、立体的年表をつくっていった【図12】。

ちなみにＴＯＳＳメモには、百文字程度の文章を書くことができる。おおよそ、一つのキーワードにつき百文字程度で説明することができるようになれば、端的に説明する力が格段につく。立体的年表を見ると、矢継ぎ早に政策が

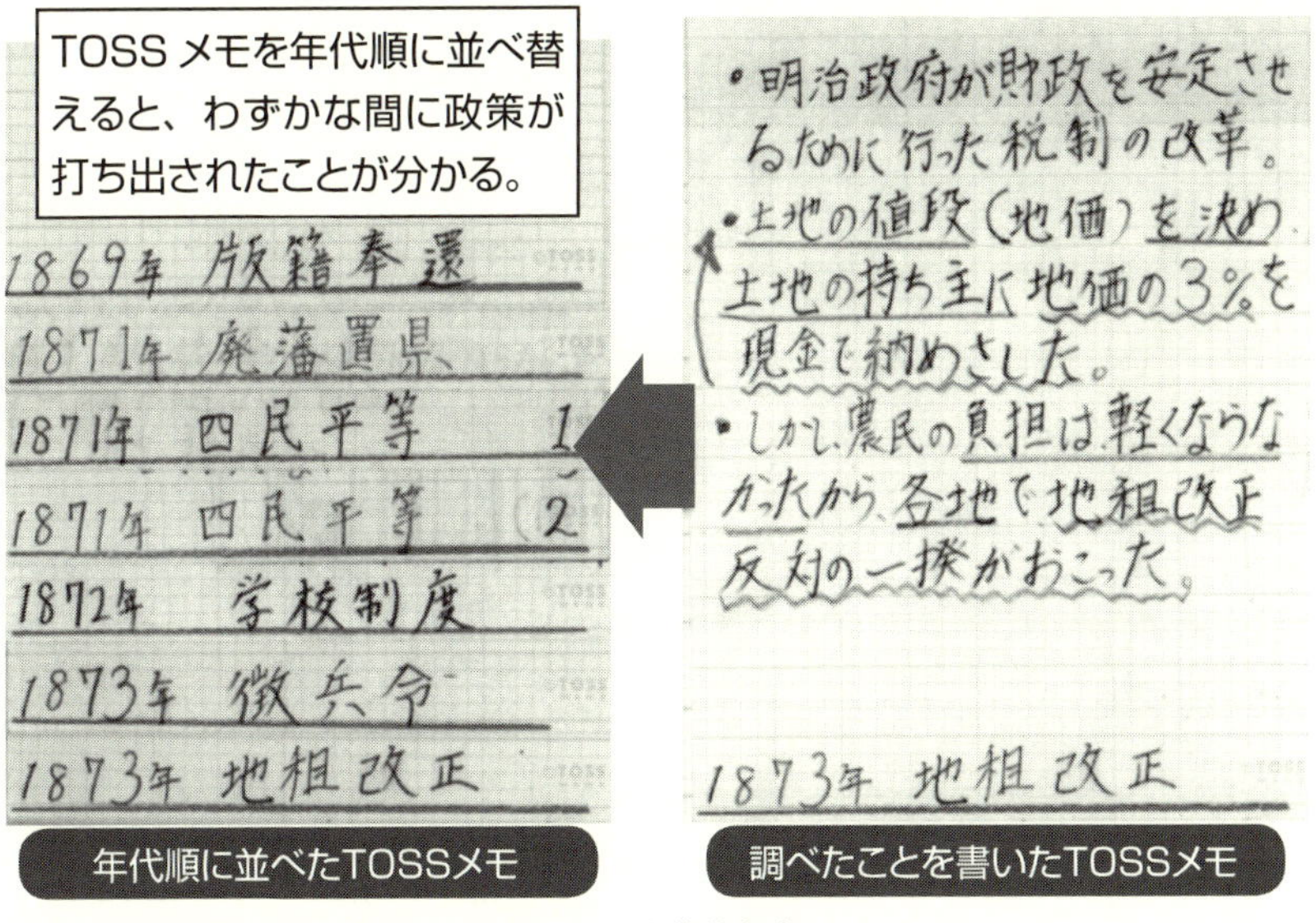
TOSS メモを年代順に並べ替えると、わずかな間に政策が打ち出されたことが分かる。
1869年 版籍奉還
1871年 廃藩置県
1871年 四民平等 1
1871年 四民平等 2
1872年 学校制度
1873年 徴兵令
1873年 地租改正
年代順に並べたTOSSメモ
・明治政府が財政を安定させるために行った税制の改革。
・土地の値段（地価）を決め土地の持ち主に地価の3％を現金で納めさした。
・しかし、農民の負担は軽くならなかったから、各地で地租改正反対の一揆がおこった。
1873年 地租改正
調べたことを書いたTOSSメモ

図12　富国強兵について調べた TOSS メモと立体的年表

打ち出されていることが分かる。

5 その政策とは「富国」か「強兵」か

大久保利通が行った政策のそれぞれは「富国」と「強兵」のどちらに入りますか。メモを並べ替えなさい。

と指示をした。つまり、各々の政策が「富国」「強兵」のいずれに近いのかを問うたわけである。ある観点で分類させることにより、子どもたちはその情報を解釈するようになる。このような時、ＴＯＳＳメモは有効である。情報を貼り替えることが容易にできるからだ。黒板に左に「富国」、右に「強兵」と書いて、同じようにノートに書くように指示をした。そして上に、今まで調べたメモをいずれかに分けさせた【図13】【図14】。

「富国」には「官営工場」、「強兵」には「徴兵令」が置かれた。しかし、「四民平等」や「学制」については意見が分かれた。意見が一致したものはそれでいい。しかし、意見が分かれたものこそ、検討の対象となる。子どもたちにも、分からないものは、残しておいてあとで検討しようと伝えた。さらに黒板にも紙を貼り、それに各々の政策を書き、子どもたちに二つに分けさせた。

黒板は集団思考の場である。ＴＯＳＳメモとＴＯＳＳノートで行っている作業は黒板でも再現させたほうがよい。黒板とノートが連動されているために、子どもたちにとってはとても分かりやすいのだ。さらに自分がＴＯＳＳメモを使って考えたことを、黒板でも再現することができる。

ＴＯＳＳメモ⬇ＴＯＳＳノート⬇黒板

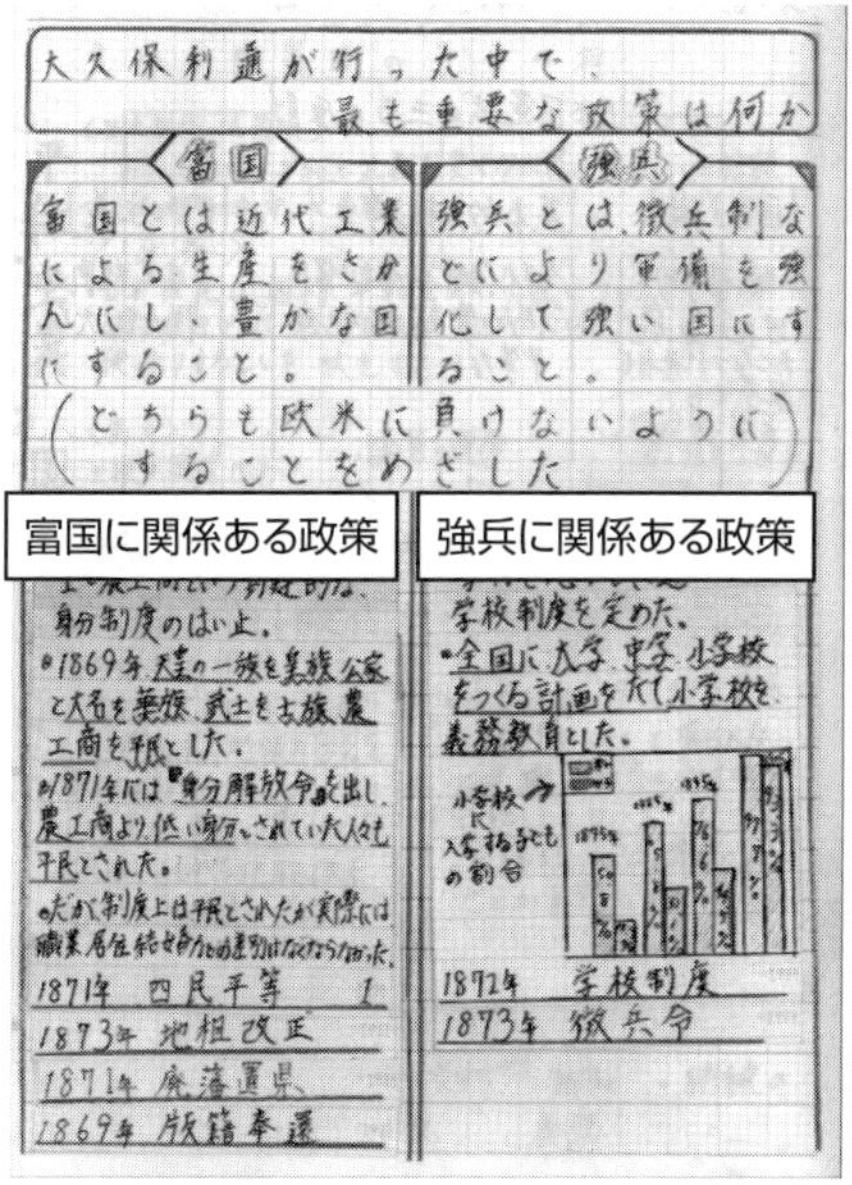

図14　「富国」と「強兵」に政策を分けたノート

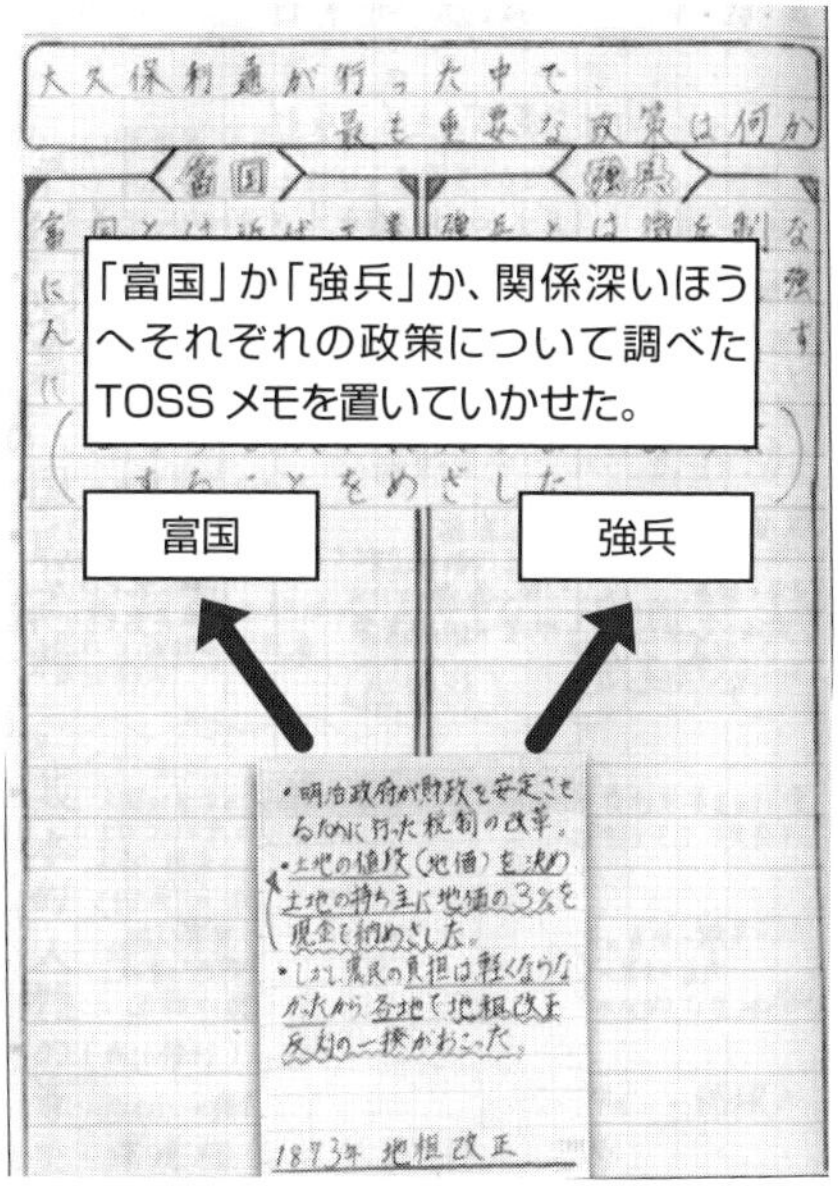

図13　富国か強兵かで政策を分類する

と連動させることによって、子どもたちはさらに活発に自分の意見を言うようになる。この場合、

TOSSメモとTOSSノートは個人内思考を
黒板は集団思考を

それぞれ生む働きをする。

例えば四民平等は「富国」か「強兵」かについては次のように考える子がいた。

> 四民平等は「強兵」だ。なぜなら、江戸時代まで農民は武器を持つことができなかった。ということは、戦うことができなかった。だから、農民のままでは兵隊にすることができない。そこで、四民平等をすることで、それまでの農民は「平民」となった。平民だから戦うことができる。つまり、四民平等はそれまでの農民を兵隊にするために行ったのだ。

四民平等は「富国」だ。明治時代は明るい

ということをみんなに印象づけたかったのだと思う。だから、みんな平等にしてどこでも働くことができるようにした。農民のままだと、工場で働くことができないけど、平民になれば、働くことができる。だから、そうなると国も豊かになる。だから、四民平等は富国だ。

このような考えをつくらせることによって、子どもたちに明治政府が行った一つ一つの政策のねらいについて考えさせることができた。

6 当時の人たちにとって優先すべきは「富国」か「強兵」か

君たちが大久保利通ならば「富国」と「強兵」のいずれを優先しますか。

と問うた。「一番重要な政策は何か」を考えさせるための布石となる発問である。最初に人数を確認すると、富国十八人、強兵十五人であった。そのあと、指名なしで討論を行った。最初は、富国のほうが多かったが、次第に強兵のほうが多くなった。結局は、安全が守られなければ豊かな国づくりはできないと考える子が増えたためである。

7 大久保利通の行った政策の中で最も重要なものは何か

最後に

大久保利通が行った政策の中で最も重要なものは何ですか。

と問うた。ここでも三人の武将と同じようにＴＯＳＳメモをノートに並べさせてNo.１と思うものから順に並ばせた。ある程度自分の考えが決まったら、今度は、三人組をつくらせた。そして、それぞれのメモを机の上に並べさせて、お互いの意見を話し合わせた。いわゆるブレーンストーミングである。

この方法は前回も行っているので、ほぼ指示なしで子どもたちは行った。最も多かったのは、「徴兵令」と「四民平等」であった。「富国強兵」の「強兵」が重要であると考えた子は「徴兵令」を、そして、「富国」が大切であると考えた子は「四民平等」を選んだ子が多かった。徴兵令があったとしても「もし自分なら兵隊なんか行きたくない」という子もいた。実際に明治時代にもいわゆる徴兵逃れは一般的と言ってもよいぐらい多かった。有名な例では、夏目漱石も徴兵逃れをした。確かに徴兵令だけで国民が進んで兵隊になるとは考えにくい。

ここで「天皇」ということに気づき始めた子もいた。以下は、子どものノートのまとめである。

「版籍奉還」が最も重要な政策だ。当時の日本は欧米に比べてとても弱かった。だから、大久保利通は強い国をつくろうとした。そのためには強い軍隊が必要だ。だから徴兵令が最も重要な政策だとも考えられる。しかし、徴兵令だけでは、みんなは命令に従わない。当時の人たちは「天皇」のために戦おうとしていた。だから版籍奉還を行って、それまで大名がおさめていた土地や人を天皇のものとした。「天皇中心の国づくり」が行われたのである。そのために当時の人たちは国を守ろうとした。だから、「版籍奉還」が最も重要だ。

繰り返しになるが、私は次のように問うた。

①明治時代とはどのような時代か、一言で言う。「富国強兵」
②なぜ大久保利通は富国強兵をスローガンとしたのか。
③そのために大久保利通はどのような政策を行ったのか。
④その政策とは「富国」に入るか「強兵」に入るか。
⑤当時の人たちにとって優先すべきは「富国」か「強兵」か。
⑥大久保利通の行った政策の中で最も重要なものは何か。

①では、時代のキーワードを確定している。

つまり「富国強兵」である。このように、その時代を象徴する一言を確定させることが大切である。それによって、大まかな時代のイメージを全員に一致させることができる。戦国時代ならば「下克上」、鎌倉時代ならば「御恩と奉公」などのように最初に時代を一言で言わせる。④の問いはさらに各々の政策のねらいを明らかにするためのものである。

一つ一つの政策が「富国」か「強兵」か、いずれに入るのかを討論すれば、子どもたちは、必ずそれぞれの政策のねらいを考えなければならない。

8 討論に活かせるTOSSメモを使ったノート三分割まとめの方法

今回は、大久保利通の行った政策は、「富国」か「強兵」かという討論を通して自分の考えをつくらせた。その場合、メモを使ってメモの操作をしながら考えさせるという方法が有効である。それとともにノートづくりも大切になる。次のようなノートを書かせた【図15】【図16】。

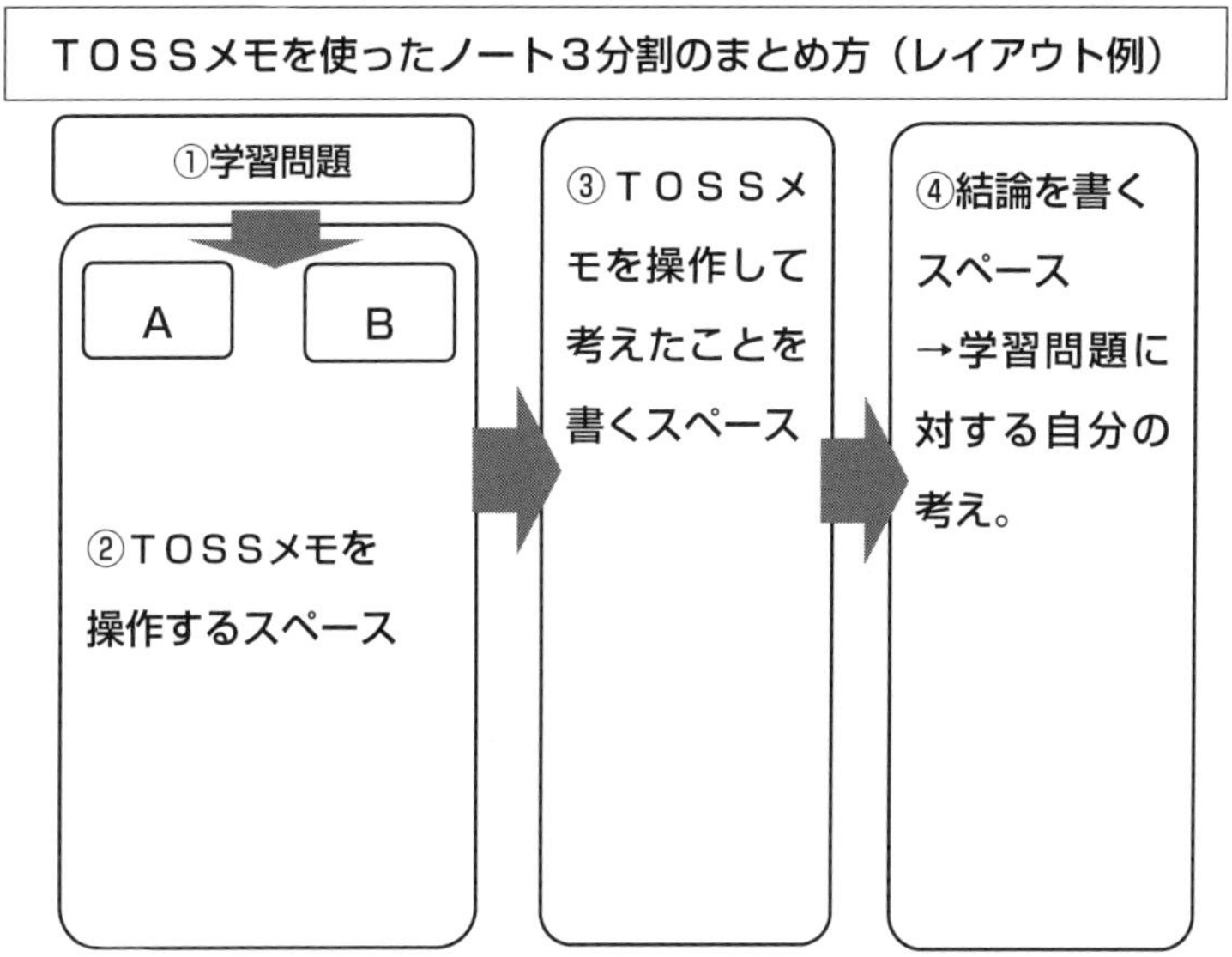

図15　TOSSメモを使ったノート3分割

①学習問題
②ＴＯＳＳメモを操作するスペース（討論につながる）
③ＴＯＳＳメモを操作して考えたことを書くスペース
④問題に対する自分の考えを書くスペース

この中で特徴的なものは、当然のことながら、②のメモを操作するスペースである。実際にメモを動かして貼ることにより、子どもたちは、自然と自分で考えたり、友だちと話し合ったりするようになる。

そのことをそのまま③に書いていけばよい。レイアウトを決めておくと、次回からは自分たちだけでもその形に沿ってまとめるだけで、学習を進めることができるようになる。

これならば、ほかの単元でも活用することができる。例えば中学年で「商店のはたらき」の学習がある。学習問題を「○○スーパーがたくさん売るために一番工夫していることを調べよう。」とする。すると、ＴＯＳＳメモを使って、次のような活動を仕組むことが考えられる。

①スーパーで見学したことをメモに書かせる。

②そのメモを「たくさん売るための工夫」と「そうでないもの」で分ける。

③いずれにも入らなかったものが、次の追究の対象となる。

④「工夫したこと」に貼ったメモの中から一番の工夫を決める。

⑤最後にスーパーの人たちが工夫していることで自分の考えをまとめる。

このような学習においても、ノートにはメモを操作するスペースや、その操作を通して自分の考えたことを書くスペースをつくることで、見開き二ページに自分の考えを端的にまとめることができる。

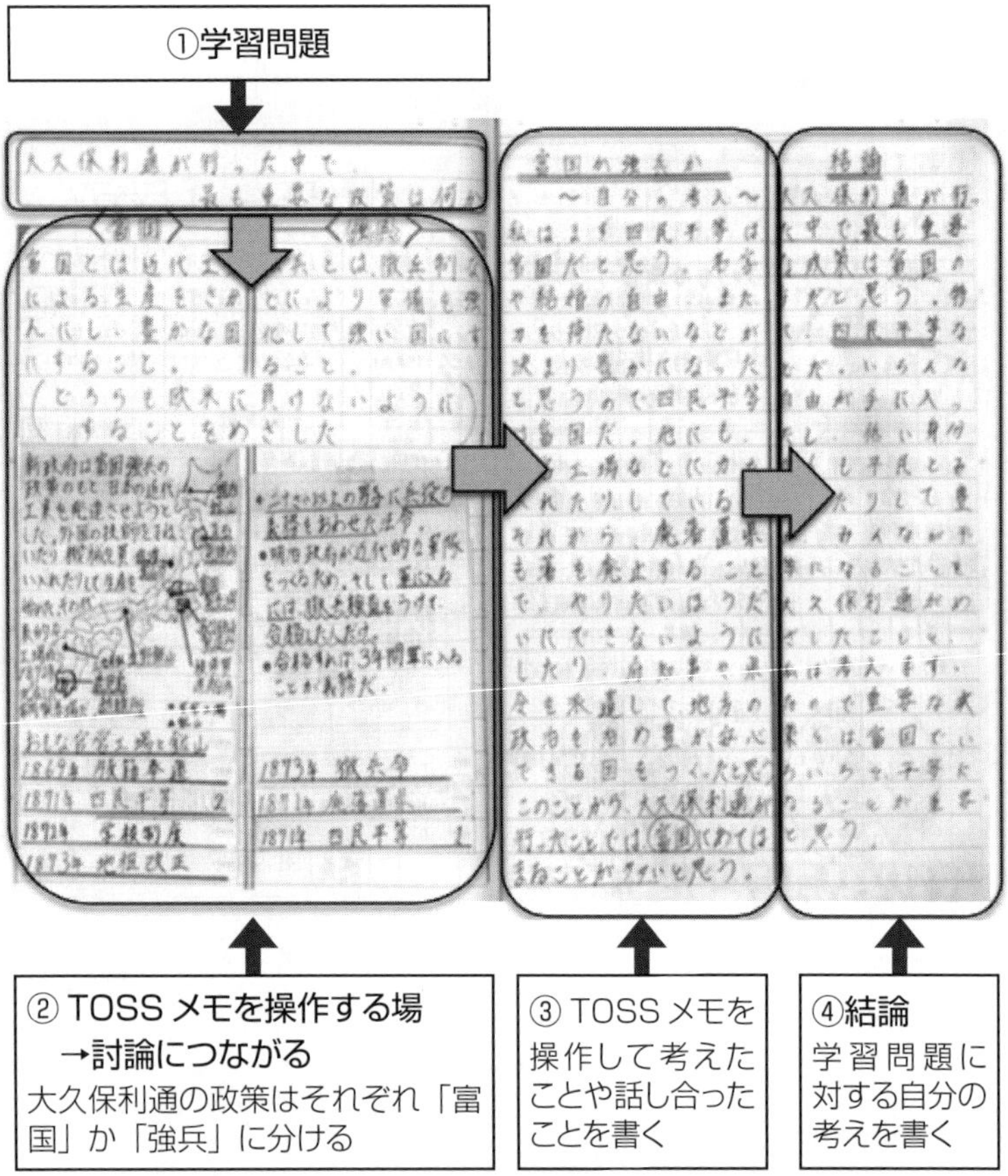

図16　TOSS メモを使ったノート3分割のまとめ方（実物）

第5章 TOSSメモと調べ学習

1　調べ学習におけるＴＯＳＳメモ活用法

[1] 丸写しは認めない

いくら見栄えのよいノートを書いたからといって、決してテストの点数がよくなるわけではない。しかし、多くの子はノートが上手に書けるようになるとともに、テストの点数も上がっていった。が、中にはそうでない子もいた。ノートは素晴らしく立派である。にもかかわらず、点数がよくない。単に写すことだけに一生懸命になって、まるっきり考えていないのだ。真面目な女子に多いのかもしれない。貴重な学習の時間なのに、「時間をかけて資料を写すだけの時間」になってしまっている。それ以来、一貫して

文章の丸写しは認めない。

という方針をとってきた。しかし、丸写しかどうか教師には判断のしようがない。教科書の文章ならばまだしも、家にある本や図鑑ならば判断はできない。そこで次のようにした。資料を見たあと、

丸写しをしてよいのは写真、イラスト・絵、地図などに限定した。

いわゆる非連続型テキストである。これは丸写しをしても一向に構わない。写真、イラスト・絵、地図などは読みとる力が必要になる。つまり、自分で変化を読みとったり、意味を考えたりという「考え」をつくらざるを得ない。

２ 見開き二ページでまとめる時は、まずスタートとゴールを決める

ノートづくりで大切なことは、思考の流れが見えるかということだ。ぶちぶちと切れた細切れの情報が羅列しているだけのノートでは、いつまでもノートをまとめる力はつかない。

一貫した思考の流れが必要なのである。

例えば、資料集を使って調べ学習をする場合、最初に資料集には「めあて」なるものがある。その時間の学習問題である。これをそのままそっくりノートに書き写させる。これはいわゆる「スタート地点」にあたる。そして、最後に「まとめ」がある。「めあて」に対する「答え」だ。これは「ゴール地点」にあたる。これもそのままそっくり書き写させる。どこに写させるかと言うと、一番最後に書かせる。これで見開き二ページのスタート地点とゴール地点が確定する【図１】。

このように最初と最後を確定してしまうと、子どもたちは、その間を何とか埋めようとする。ここで必要なのが「全体のレイアウト力」なのである。何をどこにどのように配置するかを決めなければならない。それこそが資料を整理する上で最も必要な力である。

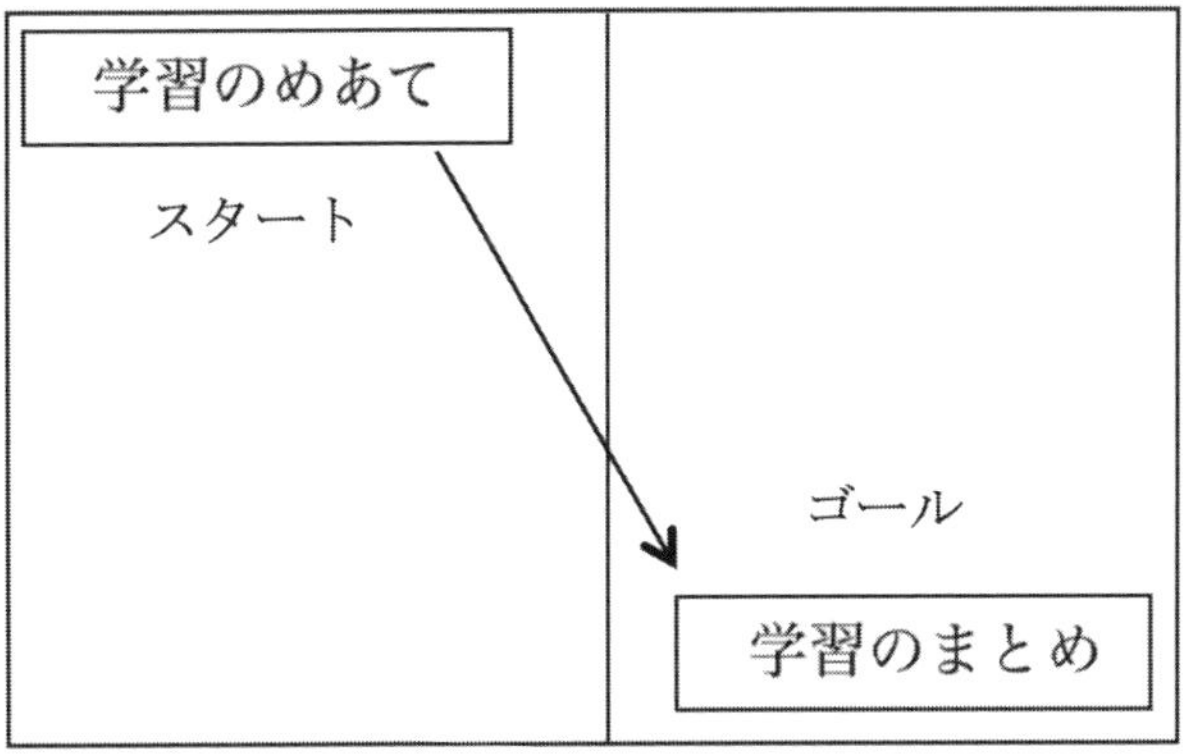

図1　スタートとゴールを決める

3 ノートまとめのねらいは「情報の整理」

ここで、先ほど「まとめはそのままそっくり書き写させる」と書いたが、そのように書くと、違和感を感じる方もいるかもしれない。一番大切なのは「学習のまとめ」であり、それこそ子どもたちに考えさせるべきことではないかと。確かにその通りなのである。まとめを子どもたちに考えさせたい。しかし、それはほかの授業の中でもできる。私は、ノートまとめで行うことは、「情報の整理に絞っていい」と考えている。むしろ、その「まとめ」と関係のある資料を選び出し、それをどのようにノートに配置するのかという力のほうが大切なのである。

4 TOSSメモを使ってレイアウトを決める

丸写しを認めた写真、イラスト・絵、地図などは、すべてTOSSメモに書かせる。
なぜTOSSメモに書かせるのか。以下の理由からである。

> ①自分でノートのレイアウトを考えさせるため。
> ②統計資料などを正確に書き写すため。

言うまでもなくTOSSメモの最大の特徴は何度でも貼り替えができるということである。つまりレイアウトを自由に決めることができる。

ではどのようなレイアウトをすればよいのか。基本的には子どもたちに決めさせればいい。その中でよくできている子をほめていけばよい。次第にその方法がクラスに広まるだろう。しかし、教師のほうも方針は持っておかなくてはならない。次のことが重要だと考える。

①重要な資料ほど先に貼る。
②重要な資料ほど広くスペースをとる。

自分が書いたメモを一度机の上で並べさせてみた。そして、

自分が重要と思うものから順に並べなさい。

と言って、並べ替えさせた。この指示は極めて大切である。単に資料を並べるのではなく、どの資料が最も「まとめ」、つまり学習内容と関係が深いのかを子どもたちに判断させるのである。

今までのような丸写しの調べ学習とはレベルが違う。そして、そのメモをながめながら、どのような解釈を文章で書くかを子どもたちに考えさせる。当然、重要な資料ほどスペースを広くとることになるだろう。

例えばグラフのような統計資料ならば、その資料の変化について子どもたちは読みとったことを書こうとするだろう。

レイアウトが決まればＴＯＳＳメモをノートに貼り付けさせる。ただしＴＯＳＳメモの糊は上部にしかついていない。したがって、ぺらっとめくれてしまう。これでは見栄えも悪い。そのままほったらかしておくと、剝がれてしまうこともある。単にメモとして使うのならばそれでよいが、今回のようにノートまとめで使おうとするのならば、できるだけ見栄えもよくしたい。そこで、自分がどこに貼るか決定したら、

糊を裏面に付けて貼り付けさせた。

これでメモがめくれることはない。ＴＯＳＳメモに書かれていることは子どもたちが考えた重要な資料である。動かす必要がなくなれば、ノートに貼り付けさせたほうがよい。こうすることで、ＴＯＳＳメモが剝がれてなくなることはない。いくら粘着力が強いからと言っても、子どもたちが乱雑に扱ってしまえば、床の上にメモが散乱してしまうことになる。必要に応じてノートに貼り付けさせることも大切な指導である。剝がれそうな時には、遠慮せずにノートに貼り付けさせるべきであろう。

5 ＴＯＳＳメモの罫線を利用する

ＴＯＳＳメモに資料を書かせるもう一つの理由は

方眼と罫線がある

からである。

通常の市販のポストイットにはこれがない場合が多い。だから、グラフなどを書き写す時に大変困る。正確なグラフや表が書けないのだ。それに対してＴＯＳＳメモには罫線が入っているので、通常のノートに書き写す時と同じような感覚で書き写すことができる。グラフなどはできるだけ正確に書き写させなければならない。なぜならば、書き写すことによって、細部まで目が行き届き、多くのことを子どもたちは読みとるからである。例えば、グラフならば目盛りの数を読まなくてはならない。
ＴＯＳＳメモには、八ミリメートル間隔の罫線に二ミリメートルごとの薄い方眼の罫線が入っている。これにより比較的正確に資料などを書き写すことができる。

6 情報をさらに絞り込む

通常、一枚につき一つの資料しか書き込むことはできない。ということは、書き写そうとする資料がＴＯＳＳメモの大きさよりも大きい場合には、さらにその中から厳選した資料を書き写すことになる。限られたスペースに書こうとするからこそ、さらに資料の厳選が行われる。ＴＯＳＳメモに書かれたことだけでノートまとめをさせる。ノートまとめをする時には、基本的に資料集などは見せない。それまで書いたＴＯＳＳメモだけを見ながら、まとめていくのだ。

もちろん、それがいきなり最初からこのようなことは無理だ。年度はじめの四月からグラフやイラストの読みとりをトピック的な指導として行っていかなくてはならない。だから、教科書をそのままそっくり授業するというわけにはいかなくなる。資料読みとりのスキルを教える授業も同時進行で行う必要がある。

いずれにせよ、ノートづくりにおいては、このレイアウトを決める段階が非常に大切である。ＴＯＳＳメモを貼り替えながら、大体ここにはこんなことを書いていこうというおおよそのレイアウトを決めさせる。それこそメモに書き出した資料から様々な情報を読みとったり、解釈したりしている場面なのだ。この方法ならば、格段に子どもたちの考えが増える。ほとんどが子どもたちの考えで埋め尽くされる。今まで、資料の丸写しをしていた子も、自分の考えを書かざるを得なくなる。だからこそ、ノートまとめの意味があるのだ。

7 実践例　六年生　明治時代「条約改正」

明治時代の「条約改正」について調べ学習をさせた。正進社社会科資料集には、学習のめあてがある。

不平等条約をどのように改正させたのでしょうか。

学習のまとめには次のように書いている。

一八九四年に起こった日清戦争、一九〇四年に起こった日露戦争の勝利によって、日本の国際的地位が高まった。

その「学習のめあて」と「まとめ」をそのまま そっくり書き写すように指示した【図2】。その際に、ノートのどこに書き写すかも指示をした。これでスタートとゴールが決まったことになる。あとは、その二つを結ぶような資料を探せばよい。教科書や資料集などを使って、それに関する資料を選ばせた。

ここでのキーワードは「日本の国際的地位の向上」であ

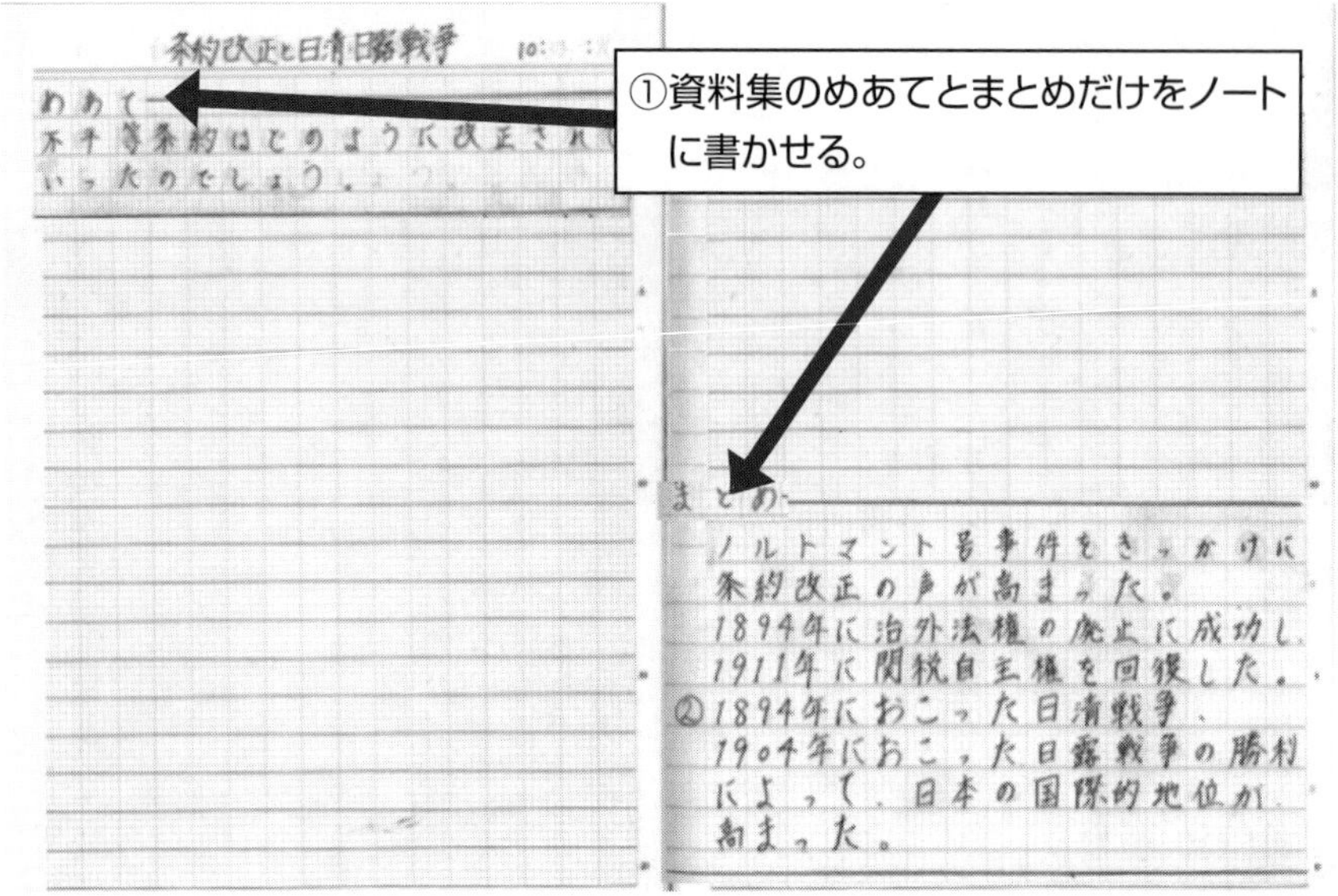

図2　まず、スタートとゴールを決める

る。日清戦争・日露戦争での勝利⬇日本の国際的地位の向上⬇条約改正、という図式が理解できればよい。一人の子が選んだ資料は以下の通りであった。

①清からの賠償金の使い道
②日清戦争と日露戦争の比較
③日本の領土の拡大
④条約改正までの年表

それをＴＯＳＳメモにそのままそっくり書き写させた【図３】。さらに

この中で最も重要なものは何か。

と聞いた。そして、自分が重要と思う順に並べ替えをさせた。一人の女子は、【図４】のように資料を並べ替えた。

一番は「清からの賠償金の使いみち」である。その多くは軍事費に使われている。来るべき日露戦争に向けて軍事力の拡充を図ったことが分かる。金額は三億六千万円。当時の日本の国家予算の三倍に及ぶ巨額であった。そのうち、「海軍軍備拡張費」におよそ三十八パーセント、「陸軍軍備

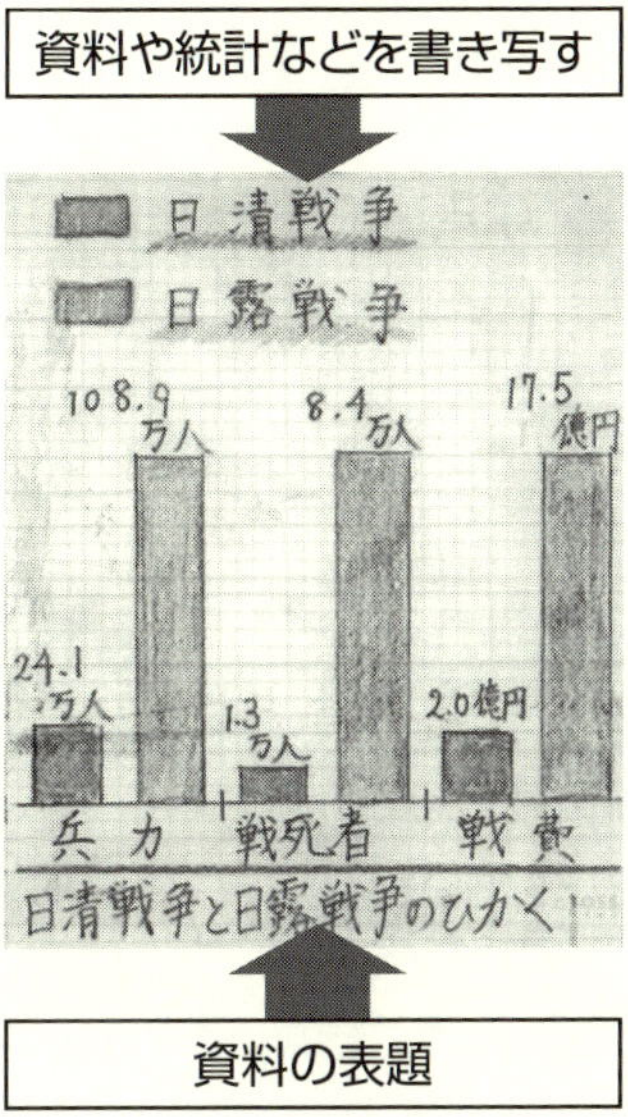

図3　TOSSメモに書き写した統計グラフ

②まとめに対しての証拠となる資料をTOSSメモに書き写させ、重要な順に並べ替えさせる。

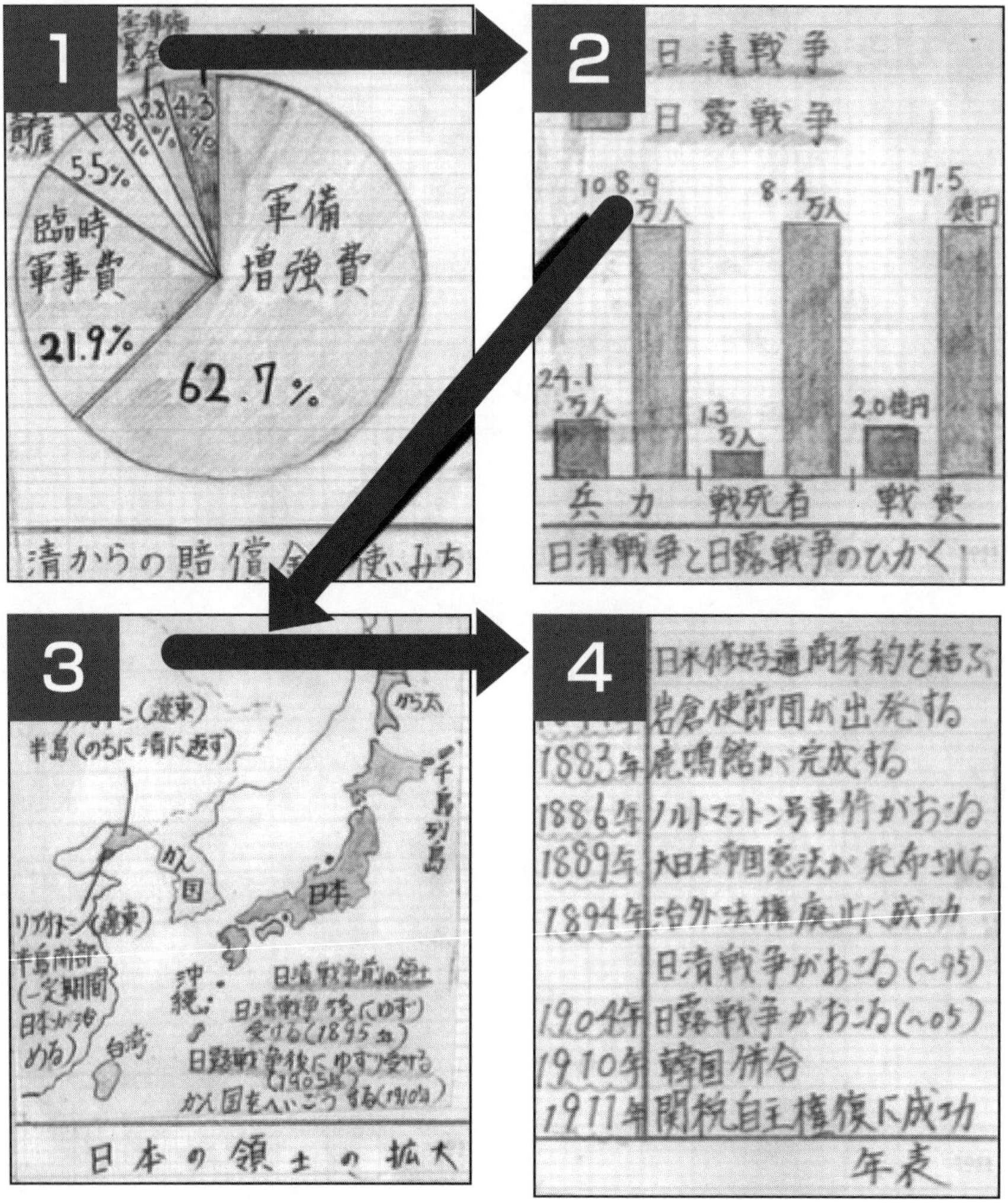

図4　TOSSメモを重要な順に並べ替える

拡張費」におよそ二十四パーセント、臨時軍事費におよそ二十二パーセント使われている。この三つで実におよそ八十四パーセントにも及ぶ。つまり、賠償金のほとんどは軍事費として使われたということになる。

次は、「日清戦争と日露戦争の比較」の資料であった。日露戦争は日清戦争に比べれば比較にならないくらい規模の大きなものであった。しかし、大国ロシアに勝ったのだから、世界に与えたインパクトも大きかったのである。

次に、「日本の領土の拡大」である。日清・日露戦争と勝ち進むことによって、日本は領土を拡大していった。当時は帝国主義の時代であるので、領土の拡大は当然、国力の充実、ひいては国際的地位の向上に結びつく。

最後は、「条約改正までの年表」である。条約改正の大きなきっかけとなったのは、ノルマントン号事件である。その事件から条約改正までの間に日清戦争・日露戦争・韓国併合などが行われている。つまり、時系列に並べることによって、条約改正の要因を考えたわけである。

子どもたちが資料を選ぶ場合、一つ一つの資料はランダムに個別のものとして読みとる。しかし、大切なことは、

図5　トレース紙で書き写した TOSS メモ

それらの資料相互の関連性

である。複数の資料を重要な順に並べ替えさせる作業を行うことによって、子どもたちは、それらの相互の関わり合いを解釈しようとした。

ちなみに「日本の領土の拡大」の資料【図５】は、トレース紙を資料集の上に重ねて写させた。特に地図など複雑なイラストは、「写し書き」させるなどしたほうがよい。また、

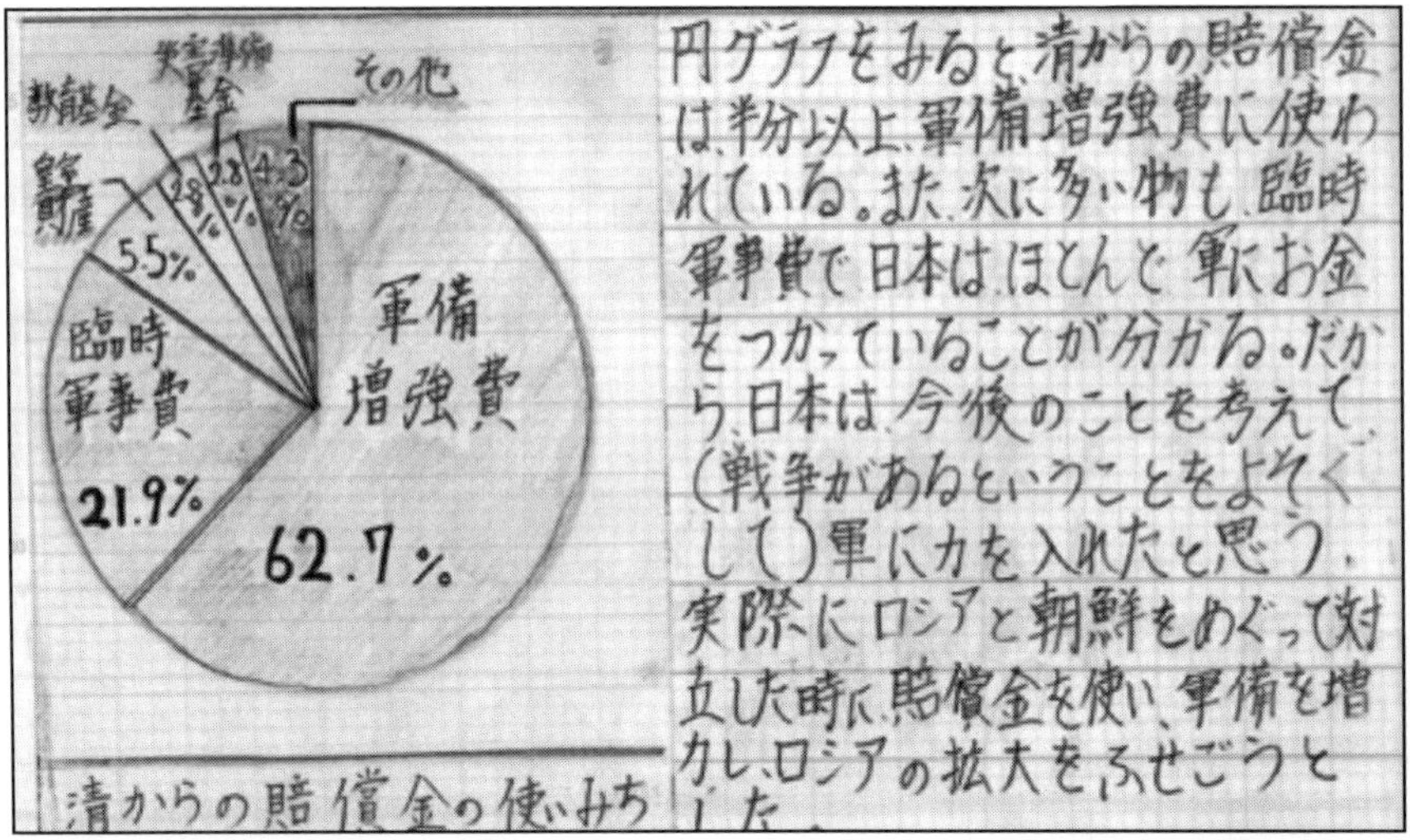

図6　友だちと相互に話した後に書いたノート。友だちに自分の意見を、「話す」→「書く」を繰り返すことで、ノートはびっしりと文字で埋まっていった

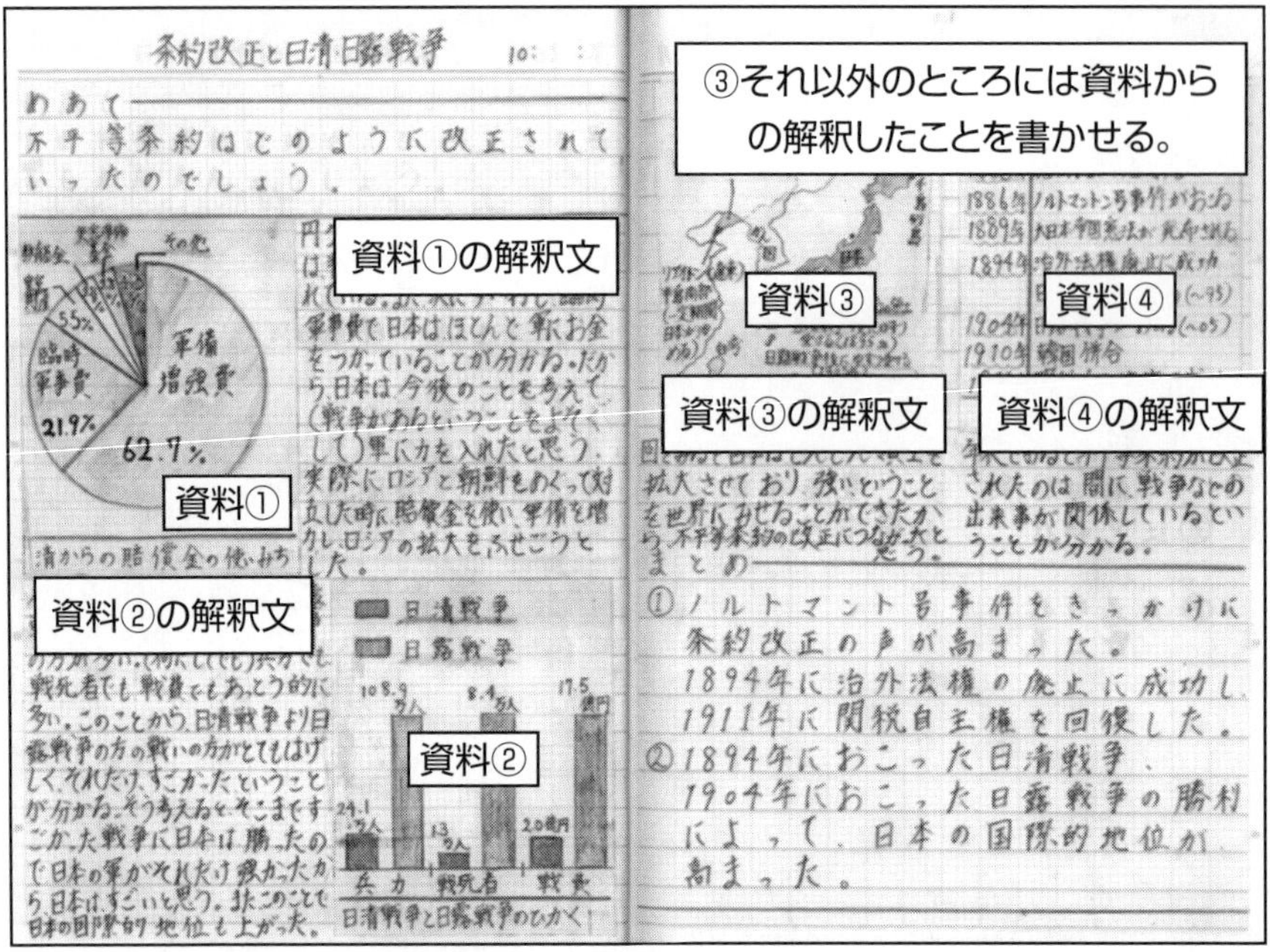

図7　TOSSメモを貼り、それから解釈したことを書く

必要に応じて「写真」資料などは、コピーしたものを貼らせることもあるだろう。

最後にノートの空いているところに資料から読みとったこと、つまり解釈したことを書かせた。しかし、いきなり、これをしたら書けない子もいるかもしれないと思ったので、ノートにＴＯＳＳメモを貼った状態で、友だちのところに行き、

「資料から読みとったことを友だちに説明しなさい。」

と言って、互いに説明し合わせた。ある程度、友だち同士で話し合ったあとならば、書きやすいものである。そして、

「今、友だちに説明した通りにノートに書きなさい。」

と指示をした。「話す⬇書く⬇話す⬇書く」を繰り返すことで、ノートはびっしりと文字で埋まっていった【図6】。

まとめると次のようになる。
①資料集などの「学習のめあて」と「まとめ」をそのままノートに書き写す《スタートとゴールを決める》【図2】。
②「まとめ」との関係深い資料を教科書や資料集から選ぶ。
③その資料をＴＯＳＳメモに書き写す【図3】。
④ＴＯＳＳメモを重要な順番に並べ替える【図4】。
⑤ＴＯＳＳメモをノートに貼る。
⑥あいているところには、ＴＯＳＳメモに書いた資料から解釈したことを書く【図7】。
やり方さえ学べば、そのあとの単元で子どもたちは教師の指示がなくても、自分たちでノートまとめをすることができた。

おわりに

　本書を執筆するにあたり、夜、誰もいない教室で、子どもたちが書いたノートを見ながら、あれやこれやと考えを巡らせる日々が続きました。もっとよい方法はないかと試行錯誤の連続でした。しかし、単にメモの使い方だけを考えていたのでは、よい実践などできません。授業の原理を考えなければ、実際の授業では、使いものにならないのです。授業の原理は、向山先生の実践を丹念に読み返しながら自分なりに整理していきました。どれも骨太で斬新なアイディアがつまったものばかりでした。

　本書を読まれた方が、ＴＯＳＳメモに使った授業をやってみようと思われたのならば、それとともに、その授業の原理とは何かを考えてみることが大切だと思います。その中でこそ、新しい発見やアイディアが必ず生まれるものと確信します。何といっても、向山先生の実践を忠実に再現してみることこそが、新しいＴＯＳＳメモの使い方を考える最良の方法です。今から五〜六年前、私の地元・福岡では、ＴＯＳＳ福岡教育研究会代表の八和田清秀先生を中心に「木曜会」という学習会が開催されていました。毎回、何十枚というレポートを持ち寄り、皆での検討がなされました。時には、厳しい指摘を受けることもありましたが、このような研究会があったからこそ、ＴＯＳＳメモの実践も生まれたのだと思っています。同じ方向を向きながら、切磋琢磨できる仲間がいることほど、教師として幸せなことはありません。

　最後になりましたが、本巻の発刊にあたり、様々な角度からご指導くださいましたＴＯＳＳ代表の向山洋一先生、玉川大学教職大学院教授の谷和樹先生と、このような機会を与えてくださり、発刊までに多くのご示唆をいただきました学芸みらい社の青木誠一郎社長に、心より御礼申し上げます。ありがとうございました。

赤阪　勝

企画・監修
向山洋一（むこうやま よういち）
日本教育技術学会会長。TOSS代表。
東京都生まれ。東京学芸大学卒業後、東京都大田区立の小学校教師となり、2000年3月に退職。その後、全国の優れた教育技術を集め、教師の共有財産にするための「教育技術法則化運動」TOSS（Teacher's Organization of Skill Sharingの略）を始める。現在、その代表を務め、日本の教育現場ならびに教育学界に多大な影響を与え続けている。執筆活動も活発で、『跳び箱は誰でも跳ばせられる』（明治図書出版）、『新版 授業の腕を上げる法則』（学芸みらい教育新書）をはじめ、著書は膨大な数にのぼる。

企画・監修
谷 和樹（たに かずき）
玉川大学教職大学院教授。
北海道札幌市生まれ。神戸大学教育学部初等教育学科卒業。兵庫県の加東市立東条西小、滝野東小、滝野南小、米田小にて22年間勤務。その間、兵庫教育大学修士課程学校教育研究科にて教科領域教育を専攻し、修了。教育技術法則化運動に参加、TOSSの関西中央事務局を経て、現職。国語、社会科をはじめ各科目全般における生徒指導の手本として、教師の授業力育成に力を注いでいる。著書に『子どもを社会科好きにする授業』『みるみる子どもが変化する「プロ教師が使いこなす指導技術」』（ともに学芸みらい社）など多数。

著
赤阪 勝（あかさか まさる）
福岡県太宰府市立水城西小学校教諭。
福岡県筑紫野市生まれ。鹿児島大学教育学部小学校教員養成課程卒業。福岡県の宇美町立井野小、須恵町立須恵第一小、太宰府市立太宰府西小を経て、現職。初任の頃から社会科における指導研究を行うとともに、10年前からTOSS向山型社会セミナーで実践発表などを重ねる。福岡県向山型社会研究会所属、万葉教育サークル代表。共著に『新社会科への対応1 写真類読み取りの授業』『向山型スキル・社会科の授業パーツ100選』『調べ学習 高学年「仮説を立てて検証する」』（いずれも明治図書出版）など。

教師《きょうし》と生徒《せいと》でつくるアクティブ学習《がくしゅう》技術《ぎじゅつ》

「TOSSメモ」の活用《かつよう》で社会科《しゃかいか》授業《じゅぎょう》が変《か》わる！

GAKUGEI MIRAISHA

2016年1月15日　初版発行

企画・監修	向山洋一・谷 和樹
著	赤阪 勝
発行者	青木誠一郎
発行所	株式会社 学芸みらい社 〒162-0833 東京都新宿区箪笥町31番 箪笥町SKビル3F 電話番号 03-5227-1266 HP　：http://www.gakugeimirai.jp/ E-mail：info@gakugeimirai.jp
印刷所・製本所	藤原印刷株式会社
ブックデザイン	荒木香樹

ISBN978-4-905374-99-2 C3037

落丁・乱丁本は弊社宛お送りください。送料弊社負担でお取り替えいたします。

学芸を未来に伝える

学芸みらい社

GAKUGEI MIRAISHA

授業の新法則化シリーズ（全リスト）

書名	ISBNコード	本体価格	税込価格
「国語」　～基礎基本編～	978-4-905374-47-3 C3037	1,600円	1,728円
「国語」　～1年生編～	978-4-905374-48-0 C3037	1,600円	1,728円
「国語」　～2年生編～	978-4-905374-49-7 C3037	1,600円	1,728円
「国語」　～3年生編～	978-4-905374-50-3 C3037	1,600円	1,728円
「国語」　～4年生編～	978-4-905374-51-0 C3037	1,600円	1,728円
「国語」　～5年生編～	978-4-905374-52-7 C3037	1,600円	1,728円
「国語」　～6年生編～	978-4-905374-53-4 C3037	1,600円	1,728円
「算数」　～1年生編～	978-4-905374-54-1 C3037	1,600円	1,728円
「算数」　～2年生編～	978-4-905374-55-8 C3037	1,600円	1,728円
「算数」　～3年生編～	978-4-905374-56-5 C3037	1,600円	1,728円
「算数」　～4年生編～	978-4-905374-57-2 C3037	1,600円	1,728円
「算数」　～5年生編～	978-4-905374-58-9 C3037	1,600円	1,728円
「算数」　～6年生編～	978-4-905374-59-6 C3037	1,600円	1,728円
「理科」　～3・4年生編～	978-4-905374-64-0 C3037	2,200円	2,376円
「理科」　～5年生編～	978-4-905374-65-7 C3037	2,200円	2,376円
「理科」　～6年生編～	978-4-905374-66-4 C3037	2,200円	2,376円
「社会」　～3・4年生編～	978-4-905374-68-8 C3037	1,600円	1,728円
「社会」　～5年生編～	978-4-905374-69-5 C3037	1,600円	1,728円
「社会」　～6年生編～	978-4-905374-70-1 C3037	1,600円	1,728円
「図画美術」　～基礎基本編～	978-4-905374-60-2 C3037	2,200円	2,376円
「図画美術」　～題材編～	978-4-905374-61-9 C3037	2,200円	2,376円
「体育」　～基礎基本編～	978-4-905374-71-8 C3037	1,600円	1,728円
「体育」　～低学年編～	978-4-905374-72-5 C3037	1,600円	1,728円
「体育」　～中学年編～	978-4-905374-73-2 C3037	1,600円	1,728円
「体育」　～高学年編～	978-4-905374-74-9 C3037	1,600円	1,728円
「音楽」	978-4-905374-67-1 C3037	1,600円	1,728円
「道徳」	978-4-905374-62-6 C3037	1,600円	1,728円
「外国語活動」（英語）	978-4-905374-63-3 C3037	2,500円	2,700円